JN093096

投資で「3億円FIRE」したぼくがすすめるたった2つのこと

北原銀二［著］

彩流社

はじめに

ぼくは２０２２年、ＦＩＲＥ（Financial Independence, Retire Early。資産運用からの不労所得で経済的自由を獲得し自由に生活すること）した。

本書はぼくがＦＩＲＥするまでの体験をもとに、多少のフィクションを追加し再構成した「投資読み物」である。

一般的にＦＩＲＥのイメージといえば生活をシンプルなものにして、年間生活費を下げ、資産１億円程度を用意してスタート、といったところかと思う。しかしぼくの場合は自分含め４人の面倒を見つつのＦＩＲＥとなったため、約３億円を用意しての重量級スタートとなった。

ＦＩＲＥした今は安堵の日々を満喫しているところだが、この辺りでいったんこれまでの軌跡を振り返り、節目だったと思うところをまとめておこうと思い、本書の執筆に至った。とはいっても、これから語る話は今ＦＩＲＥを目指している方にとって模範になる話がメインではない。いやむしろタバコの外箱よろしく「あなたの人生を破壊する危険性がありますので決して真似しないでください」と警告を入れたいくらいだ。

もっともこの先を読めば、あまりの無謀さに言われなくても誰も参考にしようとはしないと信じているが、念には念を入れて最初に断っておきたい。

では、なぜいまさらこんな話を書くかというと、それはＦＩＲＥ希望者のみならず、誰にとっても株を持つことの大事さを伝えたいと思ったからだ。

「なんだ、そんなの知ってるよ」という声が聞こえてきそうだ。確かに巷に溢れる株の本には大抵それが書かれている。

しかしそれでも暴落などが起きると必ず心が折れて退場してしまう人が出る。それを防ぐには、過去のデータから書かれた書物で事前に知識を得ておくとともに、暴落に実際に遭遇した投資家が一体どのような体験をするのか、そしてそんな時でも辛抱強く株をホールドするにはどうしたらいいのか、心理的な面から書かれた書籍が必要と思う。本書はその心理面にスポットを当てたものである。

ぼくはこれまでそれを理解するには知識として持つだけでは不十分で、体験を通じて腹落ちさせるしかないというのが持論だったのだが、それには長大な時間が必要で、みんながそれをやるのは無駄だ。

そこでぼくの20年に渡る株との戦いをシェアすることで疑似体験してもらい、その時間を節約することで、読者の方はできる限り、仕事・遊び・子育て等で有意義に過ごしてほしい、というのが趣旨だ。

ということで、そこだけ常に頭の片隅に置いてもらいながらこの話は「とある一人のFIRE達成者の軌跡」としてお楽しみいただければと思う。そしてこんな奴でもFIREできるのだ、と自信を持っていただけたら幸いである。

ただし一つだけFIREを達成するための〝適性〟はあると思っていて、それはぼくも含め実際にFIREしている人を見るとブレインロック（社会的洗脳）に掛かっていない人が多いように思えるということだ。「お金の話をするのは卑しい」とか「大人になったら働くのが当たり前」「投資はギャンブル」といった類いのブレインロックだ。

育ってきた時代を考えると普通なら必ずそういう洗脳が掛かるはずなのだが、そういう人たちは努力して外すのでなく、なぜか最初から掛かっていない人が多いようだ。ぼくも勿論そうだった。そのため、もしあなたにそういうブレインロックが掛かっているなら、もしかするとこれから展開される話は一部嫌悪感があるかもしれない。その場合はいったんそのブレインロックを外してこの後の話を読んでいただけたらと思う。

記述にあたってはみっともないエピソードも含めできるだけそのまま記述したつもりだが、先に述べたとおり話自体は基本的にフィクションという位置づけだ。その点はご了承をいただきたいが、書かれている投資哲学についてはぼくが現実に用いて、そして成功したものであるのでご安心いただきたい。

では、前置きはこの辺にして実際に書いていくことにする。

第②章
2008～2009年
大きな分岐点となったリーマンショック

第③章
2010〜2016年
休職。そして、復職へ

第④章
2017〜2019年 第二のサラリーマン人生スタート

第⑤章
2020年 二つ目の大きな分岐点となった、コロナショック

第⑥章
2021〜2022年
退職 -Fuck You Money-

・本書の内容は2023年10月時点の情報をもとに書かれています。
・本書の内容は著者の経験をもとにした個人の意見であり、本書の内容に従えば必ず投資で利益を得られることを保証するものではありません。
・本書の内容に従い投資で損失が発生したとしても、著者および発行元は一切責任を負えません。投資の際は自己の責任のもと行ってください。
・本書はフィクションが含まれており、実在の組織・人物とは一切関係ありません。

プロローグ

思いきり
送信ボタンをクリック。
賽は投げられた!

今から退職を申し出る。

最初にFIREしようと決意してから一体何年経っただろう。ぱっと振り返っても十数年は経っているはずだ。FIREがまだアーリーリタイアと呼ばれていた時代から今日この日を待ち望んでいた。

既に退職を申し出るためのズーム会議の依頼メールは書き終えた。後は送信ボタンを押すだけだ。これを押したらもう二度と後戻りはできない。考えに考え抜いたとはいえ、やはり少し緊張する。なんだかんだ関連会社を含めれば20年以上勤めた会社だが、〝緊張〟は辞めるリスクに対するものではなく、まだ何か考えに漏れがあるのではないか？　どこか計画に大穴が開いていたりしないか？　というものだ。会社には何の未練もない。

――もう何年も考えた。いまさら新しいことなど何も出てきやしない！――

そう思った直後、ぼくは普段より人差し指をやや大振りにし、思いきり送信ボタンをクリックした。賽は投げられた。

ズーム会議は始まった。参加者は副部長と課長とぼくの3人。ぼくの会社では退職を告げるには直属の上司とその一つ上に申し出ることになっている。ぼくはありきたりの理由を並べ退職を申し出た。

とにかく辞めることは決まっているのだ。無駄にごちゃごちゃ話したくない。それには絶対に上司に引き留めの口実を与えてはならないので結局はありきたりの理由が最も良いのである。会社の愚痴を言うなんてもってのほかだ。そんなことを言えば、改善するから考え直してくれないか、などと言われ面倒この上ない。

――**俺は辞めたいんだよ！　こんなとこ1秒たりともいたくないんだよ！**――

そうは思ったが、まあ引き留めなんてことはいらない心配かもしれない。なぜならこの副部長は知らない仲ではない。10年以上前のぼくの直属の上司であり、当時散々困らせた覚えがある。正直言ってぼくのことは辞めてほしい社員と思っているかもしれない。

一方、課長はぼくが辞めることなど一切頭になかったようだ。ズーム会議の依頼メール送信後「あれ〜本当〜？　全く気づいてなかったよ〜」という妙に馴れ馴れしい返信が来た。
この上司、いつも部下とは仕事以外の話は一切せず、突っ込んだコミュニケーションなど取ったためしがない。それなのに突然この馴れ馴れしい返信。これは正直言って気持ち悪かった。まるで中学生男子が好きな女の子の前で挙動不審になるが如くイタい。ぼくは少しの間とはいえ、こんな小物の下で働いていたことが恥ずかしく悲しくなった。でもまあいい、それもこれも、もう終わりだ。

会議ではぼくが一方的に話し、特に慰留もなく数分間で終了した。20年働いて数分間で終わり、というと普通の人なら何か悲しいと思うかもしれないが、ぼくにとってはむしろ好都合。ぼくにとってこの会議は無事退職するまでの何段階かある単なるステップの一つであり、ステップを一つひとつ滞りなくクリアしていくことが最重要なのだ。

しかし、ぼくはなんでこんなに会社に愛着がないのだ？　まがりなりにも20年も働いていればプロジェクトが無事終了したり、同僚に感謝されたりといった経験をしながら少しは仕事に対する喜びを感じるものではないだろうか？

実際、ほとんどの人は嫌な仕事の中からたまにあるそういった一つひとつの小さな喜びを拠り所にして、何とか定年までやっていっているのではないか。ぼくにだってそうした普通のサラリーマンとして歩む人生だってあったはずだ。

それがぼくときたらプロジェクトが無事終了して顧客が喜んでも、ただ仕事が終わったと思うだけだし、同僚に感謝されても「ああ、そうですか、よかったですね、でも俺とお前は違うんだ、俺はそんなことで喜んでる場合じゃないんだ」と斜に構えているだけだった。

ぼくはどうしてこうなってしまったのだろう。

いつから、何がきっかけでこうなってしまったのか。

そう思った瞬間、ぼくの脳裏にこれまでの出来事が洪水のように浮かんできて、止まらなくなった。

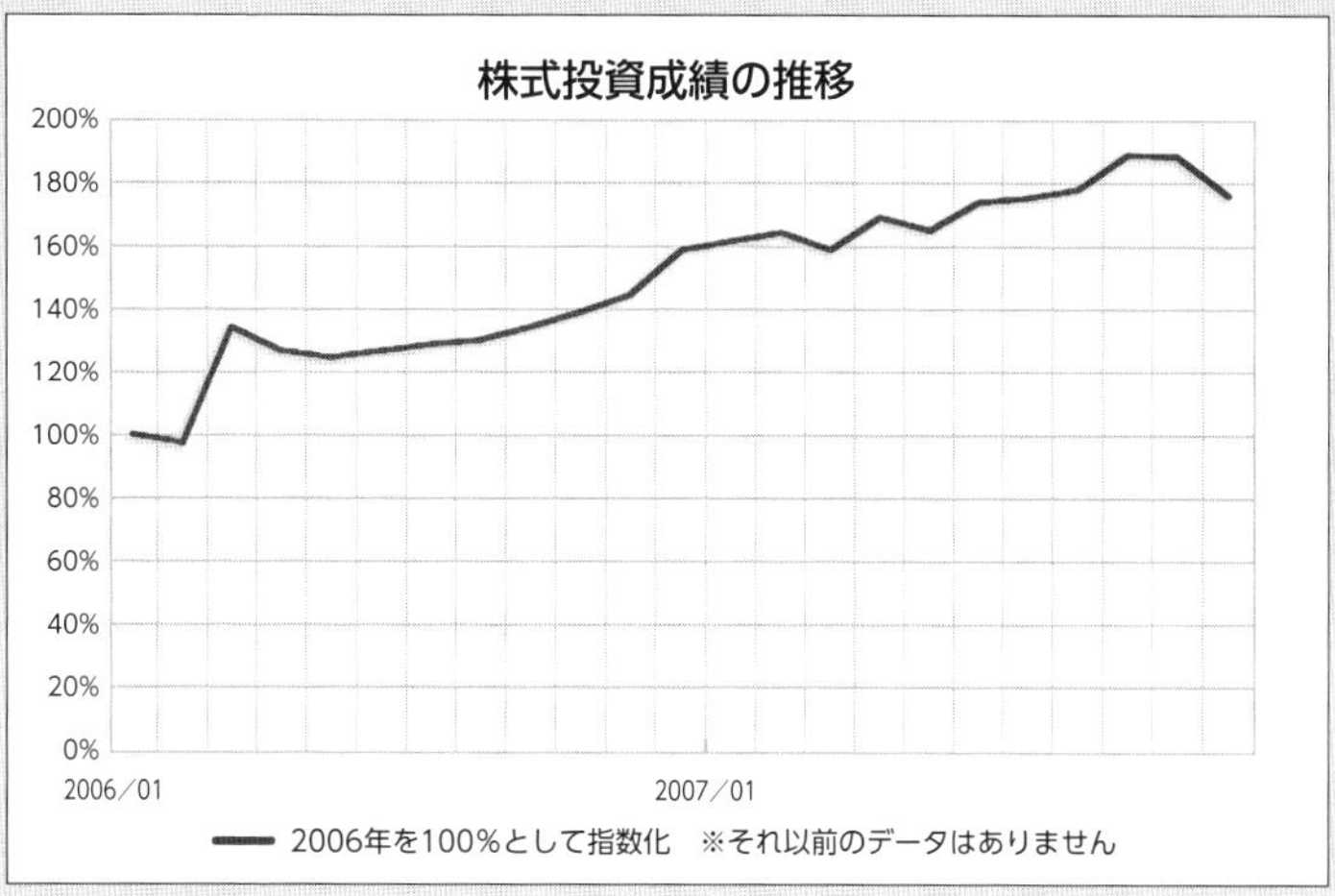

第1章

2002〜2007年

投資にすべてを賭けると決意、始動

派手目な会社から堅実な会社へ転職

❖会社から感じた、得体の知れない違和感

ぼくは田園風景の中をひた走る電車の中にいた。車窓に流れる景色を眺めながら、ぼくの心中は大きな違和感に襲われていた。まだ何も始まっていないにもかかわらず「俺は何か大きな間違いを犯したんじゃないだろうか?」という不安にかられていた。

その日、東京の会社から関西の会社に転職が決まっていたぼくは、新しい会社の健康診断を受け、ついでに引っ越し先の社宅の見学に行った帰りだった。

転職先は前の会社よりは規模が大きく業績も良かった。にもかかわらず見てきた社宅はボロボロで、とてもそんな好業績の会社の社宅に見えなかったのである。ただ、違和感の正体はそれではなく、何かもっと闇深い、得体の知れないものだった。

ところで、この会社に転職することにしたのは前の会社の業績が怪しくなったから

だ。前の会社は小さいながらもオフィスは一等地だったし、チームが上げた実績に応じて年1回報奨金を配るパーティーがあったりと、少し派手目な会社だった。場合によってはチームに1億円の報奨金が配られることもあった。

しかし、業績が芳しくなくなるとそういった派手なイベントはなりをひそめ、それどころか社員の3分の2を解雇するという全く逆の事態に陥っていた。ぼくはその3分の2には入らなかったのだが、ここにいても先はない、と感じ転職することにしたのである。

新しい会社はそういう派手さはないものの、ベースとなる基本給が高いのと、残業代やその他の手当についても非常に手厚い会社だった。ぼくは派手な一発逆転のワンチャンスは大好きだが前の会社でその惨状を見てきたため、結局は堅実な会社のほうがよいと考えて転職することにしたのだった。

それはわかって転職したのだが、まがりなりにもあれだけ業績の良い会社の社宅なのだから、社員に気持ち良く働いてもらうために少しくらいリフォームしてもよいのではないか、と思うレベルのボロボロさだった。

しかしまあ、業績が良いからといってすぐに散財せず、質素謙虚に事業を進める社風だからこそ今の業績があるのかもしれない。帰路の新幹線の車中でそんなことを思いながら、ぼくは関東の自宅に戻っていった。

楽園部署から激務の花形部署へ異動

❖労働時間が短いのに高給。ここは楽園？

新しい会社に入社後、ぼくは比較的順調に過ごしていた。机や椅子がくたびれていたり、食堂のランチがまずかったりと職場環境がもう一つだったのは相変わらずだったが、とにかく労働時間が短いのに高給なので、前の会社よりもずっと楽に稼げていた。

仕事はそれほどエキサイティングではなかったが、こんな感じで人間的に暮らしていけるならこれもありかな、と思い始めていた。しかし入社して1年ほど経ったころ、そんな楽園は突然終了となったのである。

これは後からわかったことだが、ぼくがいた部署が楽だったのは会社に多大な功績を残した部長の定年までの居場所として、会社が見てみぬふりをして放任していただけだったのである。

その部長が定年退職になると、当然のごとく部は即お取り潰しになり、部員は他部署へ散り散りとなっていった。

❖花形部署に配属。本当の社風を知る

そんな中、ぼくは会社でいわば花形部署に配属となったのだが、そこでこの会社の本当の社風を知ることとなった。

新しい部署はとにかく裁量がなかった。どんなに細かいことでも上司の確認が必要だった。そこで仕方なく上司に話に行くと、上司もまた裁量がないので、いろいろと細かいツッコミを受けた挙句、○○さんにも聞いておいて、とたらい回しされる始末。ぼくは、この会社では一体誰が決めるんだ？　と困惑した。とにかくこれでは仕事は全く進まない。

最も驚いたのが、部長でさえこれは○○さんに聞かないと…と自分で決められないことだった。平社員ならともかく部長になっても同じなのでは経験を積めばだんだん

と裁量がついてくるというものでもないらしい。これには本当にたまげた。

そういえば入社直後に楽園部署の先輩から「この会社は役所みたいな会社だよ」と聞いたことがあった。その当時は意味がわからなかったが、なるほどこういうことか、とここで初めて理解した。

❖俺はここに来る人間ではなかった！

そしてまずいことに、ぼくの能力で一番欠けているのはチームワークであり、ぼくが最も嫌いなのはホウレンソウ、つまり報告・連絡・相談なのである。これだけでも普通にサラリーマンとして終わっているが、こんな役所のような組織で働くには輪をかけて不適性と言えよう。前の会社でこの弱点が露見しなかったのは、社員に与えられる裁量が大きかったためである。

その上、楽園部署とはうってかわり仕事は普通に激務だった。深夜2時退勤、翌朝8時出勤などはザラ。これは当たり前と言えば当たり前で、楽園部署のような働き方で会社はこんな良い業績を出せるはずはないのである。どの部署でも馬車馬のように働くのが普通なのである。

ここまできて、しまった！　俺はここに来る人間ではなかった、と気づいたものの時すでに遅し。いまさら前の会社に戻れるはずもないし、そもそも前の会社はとっくに倒産してしまっていた。

これは大変なことになった、俺はここではやっていけない、そう思った。

やっていけそうもない会社で、さあどうするか？

❖迷った時に、ぼくが使っている解決方法

この時期、ぼくの頭の中ではいろいろな思いが渦巻いていた。

まずここは前の会社のようなワンチャンスは一切ないが、しかしながら冷静に見てソコソコ高給であるということ。そして自分はここではやっていけないと思うが、だからといって次にするあてもないということだ。ぼくはごちゃ混ぜになった頭で、これからどうするべきか考えていた。

まず高給とはいえ役所のような会社だということは、簡単にこれから30年後の姿が予想できてしまうのである。それは恐らく生活には全く困らず小金持ちにはなれど、そこ止まり。そんなちっともワクワクしない、わかりきった未来のために、つまらない仕事をあと30年やる、といった具合だ。

ぼくはこれを「なんだかな」と感じていた。そうはいってもぼくの一番の苦手はチームワークでありカリスマ性なんか全くないのである。こんな人間が会社を飛び出て起業して一発逆転、なんて成功する気がしない。

さてどうしたものか。こんな時、どうすべきか決めるのにぼくがいつも使っている方法がある。これをすると良い解決方法が見つかりやすいのだ。

それは自分が不平不満に思っていることを書き出して、もし自分の子どもが自分にそれを相談してきたらどうアドバイスするか考えてみるのだ。すると視点が主観から客観に移り、冷静に自分の状況を見られるのである。

ぼくの今の状況を子どもが訴えてきたら、自分ならこう言い聞かせるだろう。

「やりたいことがハッキリしているならやるべき」

「そうでなく、やりたいことが分からないとか自分が何に向いているか分からない、とか言ってる奴は、ただ単に何もできないだけの奴だ」

「そんな奴に文句を言う資格はない。ごちゃごちゃ言わずに今の仕事やっとけ！」

ごもっとも。ぼくはとりあえず今の仕事を続けることにした。

世の金持ちはどうやってそうなったのか

❖ 桁違いの金持ちの経緯は3パターンに分けられる

ひとまずこの仕事を続けることにはしたものの、このままでは埒《らち》が明かない。なんとか食い扶持《ぶち》があるうちに次の一手を考えなくてはならない。そこでまず、ぼくは世の中の金持ちが一体どうやってそうなったのかを調べてみることにした。

幸いなことに、この時期になると既にインターネット上に様々な情報が上がっており、ほんの10年前では一般人は絶対知り得ないような情報まで簡単に手に入るようになっていた。ぼくは毎晩毎晩、貪るようにそういう情報を集めた。するといくつかのパターンが見えてきた。

まず金持ちと言えば金持ちの家に生まれなくてはならない、と思っていたが実はそうでもないことがわかってきた。もちろんそういう人物もいるにはいるが、むしろそれは少数派で、桁違いの金持ちの経緯は大体、次の3パターンに分けられる。

一つは類稀な才能を持っているパターン。スポーツや芸能など、その才能をいかんなく発揮し金持ちになるパターンだ。

二つ目は起業して成功するパターン。これが一番多い。

三つ目は投資で成功するパターン。しかしこれは恐らく一番少ない。ざっと調べた範囲では成功者の10分の1くらいではないだろうか。もしかすると金持ちの家に生まれるよりも少ないかもしれない。

❖金持ちへの道は、消去法で投資に決定

さて自分はどうするか。

データから考えると起業するのが一番いいのだが、ぼくにカリスマ性やリーダーシップがないのは既に述べた。だからといってぼくはスポーツも漫才もできない。小学生の頃から才能でクラスのみんなから一目置かれたことなど一度もありゃしない。これはやらずともダメなのは明白だ。

すると消去法で投資をするしかなくなる。金持ちへの道としては一番狭き門だが、仕方ない。ぼくにはこれしか残されていないのだ。やむを得ない。

ということで、ぼくは投資をすることにした。

それからというもの、ぼくは投資の勉強を本格的に始め、頭の中は仕事はソコソコに投資でいっぱいになった。

手当たり次第にインプットした後、一つの投資方針が浮上

❖手掛かりのないものを攻略する方法

さて、投資にすべてを賭けると決めたはいいが、実際何に投資したらいいのか皆目見当がつかない。ぼくはまるで運動会の大玉転がしで使う大玉に油をたっぷり塗られ、これに登れと命令されているような気持ちだった。文字どおり手掛かりも足掛かりもない。

そこで、ぼくは手当たり次第に投資関係の書籍を読み始めた。とにかくノンジャンルで片っ端から読んだ。まずは投資のバイブルともいえる、あのウォーレン・バフェットの師匠でもあるベンジャミン・グレアムの『賢明なる投資家』をはじめ『バフェットからの手紙』などの投資の古典ともいえる書籍。

さらにチャート分析によるテクニカル投資の本や、デイトレードやスイングトレードで財を成した当時の有名ブロガーの本、しまいには月の満ち欠けと相場の動きを研

究したちょっとオカルト的な本まで、本当に手当たり次第読んでいった。

手掛かりのないものを攻略する場合、ぼくはいつも手当たり次第にインプットした後、考えて、考えて、その後いったん何も考えないようにしている。こうして暫く暮らしていると、脳の無意識が有機的に結びついて何かの拍子に突然アイデアが閃くことがある。

それは大抵において散歩中や入浴中が多い。夜道の散歩などはその確率が非常に高くなるので、会社帰りなどは積極的に徒歩で帰るようにしていた。

そのようにしていたところ、案の定ポツポツとアイデアが出てきた。ぼくはそうして出たアイデア一つひとつについて再現性があるかどうか、自分に合っているかどうか、というフィルターをかけ、やってみる価値がありそうだと思えたら少額で実践してみることを繰り返していた。

そんなことをひたすらやり続けていたある日、ぼくの中でスッと一本筋の通った一つの方針が浮上してきた。それが成長国の株式への長期投資だ。

❖ 投資で一番勝つ確率が高い方法は？

ぼくがこれに魅力を感じた理由は次のようなものだ。

まず、数ある投資対象のうち、長期的にプラスサムになるもののほうが財産形成には難易度が低い。商品や為替などはどちらかというとゼロサムゲームの短期トレード向きであって、勝つための技術的難易度がぼくにとっては高く思えた。そして、長期的にプラスサムになるものの中では、過去のデータからいえば株が最も効率が良さそうだと思った。

そしてその株の中でも、株が上がるとは経済が成長することだから、投資家にとって成長国の株がなおさら有利だ。

では、成長国とは何だろうか？　というと、それは端的に言えばＧＤＰ（Gross Domestic Product の略。国内総生産。国内で生み出された儲けの総和）が成長する国ということだ。そのＧＤＰの内訳を見ると、多くの国で個人消費が大きな割合を占めている。こういうのはまずは大きいものに注目し、その他のものはざっくり拡大縮小のトレンドを見る程度でいいのではないか。
以上をまとめると、投資で儲けようと思ったら個人消費がどんどん伸びそうな国の株式市場に投資するのが、一番勝つ確率が高いのではないかと考えた。

❖今後個人消費が一番増えそうな国は？

ぼくはさらに考えを進めた。では、世界で今後個人消費が一番増えそうな国はどこだろうか。そもそも個人消費を分解すれば「人口×一人当たりの消費」だ。人口動態はだいたい予測可能だから、たどり着いた問題解決のキーは「一人当たりの消費」ということになる。

ここまで考えた段階で、ぼくはもうひと押しで解答にたどり着ける予感がしてきた。人はどんな時、消費を伸ばすのか？　言い換えれば人はどんな時お金を使うのか？　それがわかればぼくの中で納得いく解答が得られそうだ。

それは主に二つある。一つは「人は貧乏から普通になっていく時が一番お金を使う」のだ。貧乏人が少しばかりお金を手にすると、家、車、子どもに教育も…と次々とお金を使っていく。だから、投資対象国の国民全体がこういうフェーズにある国は有望だ。逆にそんな余裕のない、食うや食わずの生活ではいくら人口が増えていても投資には向かない。だから人口は増えればいいかというとそうでもないのだ。例えばアフリカで人口が増えている国を見つけても、ぼくは投資しないだろう。これが一つ目のケース。

二つ目は、人が20代〜40代という年齢に差し掛かった場合だ。若くてエネルギーに満ち溢れた年代の人は最も派手で消費意欲が旺盛だ。逆に50代以降になるとあまり消費はせずにひっそりと余生を過ごしたいだろう。

まとめると、国民全体が貧乏から普通になっていく段階、具体的には一人当たりのGDPが5000〜1万ドルくらいで、その国の人口ピラミッドで20代〜40代が多く、しかも人口が増加している国、が最も有望なのだ。まさに昭和30〜40年代の日本のようにである。

❖投資対象、投資スタンスを決定

ところが、大抵の場合はそれを完全に満たす国は見当たらない。どの国も一長一短なのだ。もしあったとしても恐らく気づいた時は既に信じられないくらい割高になっているはずだ。したがって、どこに重みをつけるかを自分なりに決め、その中で一番上の国に投資することになる。

この当時、ぼくの中でそれは中国だと思った。当時の中国は産業の急成長中でGDPに占める個人消費の割合は他の国よりも少し低く、長期的な人口動態はもう一つだったのは条件に合わなかったが、とにかく他の要素を覆い隠すほど成長率が抜群で、しかも国民一人当たりのGDPのレベルがぼくの理想に近かった。

そこでぼくはこの問題の最終回答として「よし、中国への投資をメインにしていこう」と決めた。こうして投資対象は中国株への長期投資に決まった。

ちなみに、本書を執筆している2023年現在、ぼくはアメリカに集中投資している。これは中国経済が十分に大きく豊かになって成長率が落ちついてきたことと、当時から20年弱が経過し、人口動態の懸念が大きくなってきたことが大きな要因だ。その他、昨今の地政学的な理由や株式投資家が軽視されやすい政治体制であることも理由だ。

❖常に流れをよく見て、考えに考え抜いた者が生き残る

なお、ここで少しぼくの現時点での将来予測を述べてみたい。ただし、これは不確実性が高いだろうから、単なる与太話とでも思ってお付き合いいただきたい。

ぼくは、おそらく今後中国が世界一位のGDPとなる日がくると思っているが、株に限ってはアメリカのほうが上がると思う。しかし、さらにそれから数十年後、GDPでもアメリカが再び抜き返すと予想している。

この予想の答え合わせができるのは早くても50年後くらいだろうから、ぼくは恐らくこの世にはいない。したがってぼくは正解を知ることはないだろう。

だからぼくの場合や、今50代以上の方に限って言えば、おそらく一生アメリカ一辺倒でもかまわないと思うが、40代以下の方はもしかすると考え直す必要に迫られる時が来るかもしれない。その時は今述べた点を参考に、その時点の状況をよく見て自ら考えてみてほしい。

今後何十年かの間には、ぼくの予想が外れてインドが台頭してくるかもしれないし、

もっと根本的な、資本主義自体が限界に達するようなことさえも起きるかもしれない。未来は何が起きるか誰にもわからないのだ。そんな時も、ひたすら考えることをやめてはならない。

投資であろうとビジネスであろうと、はたまたサバイバルであろうと、常に流れをよく見て、考えに考え抜いた者が生き残るのだ。

❖想定外の何かは「必ず」起こる

それさえも考えたくない、というのなら全世界株式のインデックス投資をお勧めするが、少しでも裁量を入れた株式投資をすると世界情勢を理解しようというモチベーションが信じられないくらい上がる。

これは仕事上でもメリットがあるはずなので、そういう意味で社会人として、そのくらいは考えたほうがよいのではないか、とぼくは思っている。

大抵の人は自分のお金をかけて、やっと真剣になるからだ。

それに、全世界株式のインデックス投資では資本主義が終わった場合には対応できない。さすがにそんなことは起きないと思われるかもしれないが、実際に資本主義が終わりかけたリーマンショックという大事件は、ほんの十数年前に起きたばかりなのだ。なら50年もの時間があれば何が起きてもおかしくない。

少なくとも想定外の何かは「必ず」起こる。これは断言する。そんな時、考える習慣を培っていなければ軽やかに逃げ出すことも、次の一手を絞り出すことも難しいだろう。

絶対に、最後に勝つのは自分のはず…

❖花形部署を追い出されるように地味な他部署へ異動

投資で金持ちを志してから2年ほどの月日が流れた。

ぼくの会社内での評判は地に落ちていた。楽園部署がお取り潰しになって花形部署に異動したぼくは、たった1年で同僚や上司からの信頼を失い、追い出されるように他の地味な部署へ異動となっていた。

そりゃそうだ。仮にぼくの脳を10個の並列処理装置に例えるなら、1個は自分が生きるための食事や睡眠について使い、3個は家族が生きるための様々な手続きや段取りについて使い、残りの6個のうち3個は投資について処理していたのだ。

申し訳ないが仕事に使っていたのは残りの3個のみだった。こんな状況では花形部署で仕事になるはずもない。

何せ花形部署はエリートでないと勤まらないところだった。英語ができるのはマストで、それプラス当然のように何らかの専門分野に長けている。文系なら国際的な会計や法律に明るく、第二外国語も当たり前。理系であれば英語ベースの論文や資料を読みこなし常に最新のレベルをキープできるような人材でなければ仕事にならない。そんな同僚たちの出身校は言わずもがなである。

世間では東大や京大なんか出ても何の役にも立たない、などと言う人がいるが、あんなものはうそっぱちだ。

彼らは大体において集中力の持続時間が驚異的に長い。長すぎる。ぼくが10分で頭が疲れてしまうところ、何時間でもその集中力でやりきる。あれこそが受験を勝ち抜いてきたモンスターだ。

そんな中ひとり、今ふうに言えばFラン出身で、まして頭の3割しか動いていないようなぼくに何ができよう。こうなるのは当然の結末である。

❖部長・本部長になる社員、課長止まりで終わる社員

ところでこれは余談だが、そうやって最底辺の窓際まで落ちた社員から見ると、周囲のどの社員が出世するか簡単に見分けられる。

この会社で昇進していく人というのは何事にも手を抜かず、誰に対しても差別せずサービス精神旺盛なのだ。

ぼくのような底辺社員から来たメールでもすぐに返事をする。部長・本部長以上になるには、プレイヤーとしての能力プラス人徳が必要なのだ。

逆にせいぜい課長止まりで終わる社員は相手によって態度を変える。もちろんぼくの依頼は後回しだ。

これはかなり高い確率で見分けることができた。ひどいケースでは話しかけても返事もしない人がいたが、その人はやはり係長止まりだった。

しかもこの会社のいやらしいところは、それ以上昇進させないと決めた管理職からは露骨に部下を抜いていく。この人も最後は部下一人の寂しいチームリーダーだった。

❖今仕事なんかに時間を使っている同僚たちはバカだ

それはさておき、その底辺社員がなけなしの頭を使ってやっている投資のほうはどうだったかというと、これはそこそこ順調にきていた。

先に述べたように色々と試行錯誤を重ねた結果、投資スタイルは成長国への長期投資に落ち着き、まずまずの成績を残せるようになっていた。金額的にはそれほど儲かっていたわけではないが、投資の世界では負けないだけでも大したものなのだ。

ぼくは、まあまああの高給に節約を重ね、入金力を最大にした上で年平均数%の利回りを実績として出しており、ようやく資産規模は1000万円を超えたところだった。株はかなり昔から多少嗜《たしな》んではいたが投資を真剣にやろうと決めてからはまだわずか2~3年だ。それでここまで来られれば及第点ではないか。

これならこの先も何とか続けていける、ぼくの心にそんな自信が少し芽生えてきた。

確かに道はまだ長い。1000万円の資産が生み出す収益は給料に比べれば微々たるものだ。しかしこれを続けていけば、ぼくはきっと金持ちになれる。今仕事なんかに時間を使っている同僚たちはバカだ。これまでの人生は圧倒的に勝ってきたかもしれないが、肝心なところが抜けている。絶対に最後に勝つのは自分だ。ぼくはそう意気込んでいた。

しかし、その意気込みは長くは続かなかった。

その時は突然にやってきた。

2008年、最初はジリジリと下がるだけだったのだ。それが突然あんなことになるなんて、予想だにしなかった。

コラム

ＦＩＲＥ時にパートナーに資産額をどう伝えるか

◇資産形成に成功したあなたは節約意識が身についているだろうが…

もし読者のあなたが一定の資産形成に成功しＦＩＲＥする場合、資産額をすべてあなたのパートナーへ伝えるかどうかは迷うことでしょう。

パートナーからすれば、あなたから何の相談もなく会社を辞めるなどと突然聞かされたら不安に思うのは当然でしょうし、余りにも身勝手とも言えますので、あなたもそれはできないと思います。しかしだからといって、すべてを話してよいかどうか、そこは悩みどころです。

これに対する私の考えは「あなた次第です」ということです。

おいおい、それは投げやりではないか、とお思いになるかもしれません。しかしこうとしか言いようがないのです。その理由をこれから述べましょう。

それほど大きな資産を築かずにＦＩＲＥする場合なら特に問題はないと思いますが、

それが巨額であった場合はちょっと事情が違います。なぜならお金には人を変えてしまうという非常に怖い面があるからです。

インターネットやSNSを開けば億単位の資産を保有していることを公言している方がたくさん見つかります。しかしそれが真実であるかどうかは、その発信者の言っていることを一つひとつ吟味し自分で判断しなくてはなりません。これは非常に手間もスキルも必要です。

したがってこうした情報を鵜呑みにし、そのような規模の資産を保有していることを軽く公言してもよいだろう、と考えるのはいささか短絡的と言えます。いやむしろ現実世界では全く逆で、そんなことはないと思っておいたほうが無難でしょう。

そんな普通の人からすればにわかに信じ難い資産をあなたが持っているとパートナーが知ったらどうなるでしょうか。その瞬間から高級バッグをおねだりする奥様もいるかもしれないし、高級車を買おう、と言い出す旦那さんもいるかもしれません。

しかし、ここまで資産形成に成功したあなたであれば節約意識が身についており、お金を使う際はそれが本当に必要なものかどうか吟味していることでしょう。そして、ひとたびそのような浪費をすれば、あっと言う間にすべての資産を失ってしまうリスクも重々承知のはずです。

◇情報とは、その価値がわからない人に渡ってしまった時が最も危険

しかし世の中の人すべてがそんな節約意識を持っているかというと、そんなことはありません。昨日まで仲が良かったパートナーが、その資産額を知った瞬間に突然豹変し、あなたにそんな資産があるならどうして自分のために使ってくれないのか、なぜ隠していたのか、と激しい不満をぶつけてくることも十分にあり得るのです。

そして、むしろそのように思う人のほうが世の中には多いのです。その結果、パートナーとの仲が悪くなってしまうかもしれず、これでは何のために財を成したのかわかりません。お金さえなければこんなことにならなかったのに、こういった不本意なことになってしまったら元も子もないでしょう。

よく宝くじに当せんしたことで逆に不幸になった話などが話題にあがりますが、このように、お金というものは人を変えてしまう非常に恐ろしい面を持っているのです。

またパートナーがお金の怖さを知らなければ、それをうっかり他言してしまうかもしれません。これは非常に危険です。個人に限らず企業秘密や軍事機密等においても、情報とはその価値がわからない人に渡ってしまった時が最も危険なのです。

もしパートナーがその恐ろしさを知らず、SNS等に影響され、それくらいの額は普通だ、世の中にはよくある話だ、と思っていても前述のとおり他人は違います。昨今であれば誘拐や強盗といった犯罪に巻き込まれる可能性さえあるのです。

確かに昔から大会社のオーナー社長や地元の名士、有名人など、お金を持っていることを誰でも予想できるような人はいました。しかしそういう人はもともと社会的ネットワークが広く、仮にそのような事件に巻き込まれたとしても、すぐに周りが察知することができたはずです。

対して昨今のFIREブームのように生活のコストを下げ、ひっそりとFIREしているような人の場合は事情が異なります。そういう人が突然いなくなったとしても、容易に発見されることはないかもしれません。

そのようなことを考えたらパートナーはおろか仮に家族であっても、資産額を伝えるのは慎重にならざるを得ないでしょう。

◇あなたと同程度のマネーリテラシーを持っているか

もちろん、あなたのパートナーがあなたと同程度のマネーリテラシーを持っているなら、これは大変に幸運なことで、この場合は何の迷いもなくパートナーに資産額を伝えることができます。パートナーとの間に隠し事がないのが一番ですから、これが理想ではあります。

しかし、パートナーの普段の生活や言動を見て、ちょっと不安に思うことがあれば、ある程度の生活保証はできる資産はあることを伝えた上で、すべてを話さないことも私は「アリ」だと思います。世の中には良い嘘というものもあって、それで周りが丸く収まって幸せになるのであれば、それはそれでよいのではないでしょうか。

そしてもし、読者のあなたがそれだけの資産形成が出来たのであれば、あなた自身はかなりのマネーリテラシーを持っているはずです。

そのあなたならパートナーがすべてを伝えてよい相手かどうか、必ず判断できるはずです。そういう意味で冒頭のとおりパートナーにあなたの資産額を公開するかどうかはあなた次第です、ということなのです。

第2章

2008～2009年

大きな分岐点となったリーマンショック

リーマンショックで失意のどん底に

❖魔法のデリバティブ商品崩壊

その危機はひたひたと訪れた。ドットコム・バブル崩壊から立ち直ったアメリカでは、サブプライム証券なるものが発明されていた。

サブプライム証券とは金融工学を駆使し信用力の低い債券をまとめることでリターンあたりのリスクを下げ、ミドルリスクハイリターンという魔法を実現したデリバティブ商品だ。好景気にこれもあいまって信用は膨張し世の中にはお金が溢れ、アメリカ経済は大きく成長していた。

しかしそのデリバティブが内包するいくつかの債券にデフォルトが発生し、それが一定の閾値を超えた瞬間、魔法は崩壊した。アメリカ中のほとんどの金融機関がそのデリバティブを保有していたため銀行同士が一切他行を信用できなくなった結果、全くお金が流れなくなり、完全にアメリカの血液が止まった。金融システミックリスクである。

これを例えて言うならば、大量に保有していたヴィンテージワインの樽に泥が一滴混じっていたことが突然わかったようなものだ。一滴でも泥が混じったワインは無価値だ。資産だと思って大事に保管していたワインが、ある日突然無価値になってしまったのだ。しかもまずいことにそんなゴミを誰が持っているかわからないのだ。

――あいつも持ってるんじゃないか？　こいつも持っているんじゃないか？――

疑心暗鬼になったアメリカの金融機関は、誰一人他人にお金を貸さない、という状況に陥っていた。これにより特にサブプライム証券の持高が大きかったリーマンブラザーズが破綻、リーマンショックと呼ばれる株価の大暴落が発生したのである。

このリーマンブラザーズが救済されず破綻、という衝撃的なニュースが意味するものは、この後に控えているもっと巨大な金融機関が次々と連鎖的に破綻していくことを意味した。この事実で、市場の恐怖は絶頂に達した。そしてこの世のものとは思え

	Bid	AsK	Change	BidOpen	BidHi	BidLow
米ドル/円	111.97	112.02	-4.81	116.57	116.71	111.97
ユーロ/円	150.03	150.08	-7.10	156.71	156.72	150.00
ユーロ/ドル	1.3397	1.3402	-0.0057	1.3440	1.3445	1.3360
豪ドル/円	87.8	87.86	-8.11	95.58	95.59	87.78
ポンド/円	221.48	221.57	-11.12	232.60	232.60	221.45
NZドル/円	75.28	75.36	-7.87	83.15	83.15	75.23
カナダドル/円	104.06	104.14	-4.20	108.26	108.26	104.00
スイスフラン/円	92.21	92.29	-3.60	95.81	95.81	92.21
香港ドル/円	14.29	14.33	-0.62	14.90	14.91	14.29

〈参考：リーマンショック当時のある日のレート。ぞっとしたのが度々レートチェンジの点滅がぴたっとやみ、15秒くらいの沈黙の後にクロス円全ペア一斉に1ティックで一気に50銭下落。まさにメルトダウンの様相を呈していた。〉

ないほどのパニック的な大暴落となったのである。

市中からドルが全くなくなってしまったため、この日のFXでのUSDスワップはとんでもない数字だったのを覚えている。レートもすべての通貨で軒並み5～10％も動く大波乱の殺人的相場となった。

❖株式・債券・為替・商品、どこの市場を見ても血みどろ

これだけ突然動けばレバレッジを掛けていたら即死だ。しかしFXでノーレバレッジの者などいない。インターネットのFXスワップ派のブログは阿鼻叫喚のるつぼと化し、そして少しの間をおいてすべてのブログの更新が止まった。

その様子は、まるで戦場でつい先程まで息のあった負傷兵が、暫くして再度声を掛けたら絶命していたかのようだった。

――死んだか…（相場での退場）――

ぼくはそう思った。しかしこれはもう不可避な出来事だった。そもそも損切り注文しようにもレートが飛び過ぎて約定しないし、その注文自体もシステムエラー頻発で出せないのだ。できることといえば、取引会社から来る信じ難いレートでロスカットされた報告メールを待つことくらいだ。もはや誰もが座して死を待つしかなかったのだ。

右を見ても左を見ても死体の山、息をしている者など一人もいない。株式・債券・為替・商品、どこの市場を見ても血みどろのまさに地獄のような光景だった。

この資本主義始まって以来の大事件は100年に一度といわれ、資本主義は終わった、これから一体どうやってこの社会を再生していけばよいのか、と世界中の誰もが途方に暮れていた。

❖10年間以上の努力の結晶が、2~3日で消え去る

そしてこの大嵐の中、ぼくの資産も深刻なダメージを受けていた。

それでもこの暴落の直前までは、ぼくの資産残高は年初からジリジリと下がってはいたものの、かろうじて投資を始めてからの累計ではプラスを保っていた。

しかし、リーマンショックの大暴落は全く次元の異なるレベルだった。含み益は一瞬で消え去った。

あまりにも一瞬の出来事だったので、ぼくはどうすることもできず、ただただうろたえていた。これまで5年間かけて積み上げてきた含み益、それが砂上の楼閣に過ぎなかったこと。それをこの短い時間でどうしても認めること、受け入れることができ

ず、頭は大混乱していた。

しかしぼくがうろたえている間にも、暴落は一切容赦しなかった。いや容赦するどころか、ますます勢いを増してぼくに襲いかかってきた。

ぼくの含み益を完膚なきまでに破壊したマーケットの悪魔は、次はぼくが投資を始めてから働いて節約して、コツコツ努力して作った元本をも容赦なく食いつぶしていった。

さらにそれでも飽きたらず、ぼくが社会に出てから投資を志すまでに貯めた額にまで牙をむいてきた。

この時、ぼくは学校を卒業して社会に出てから十余年。その間に築いてきたもの、それがたったの数日、10年間以上の努力の結晶が本当にたった2~3日で消え去った。

この10年間は一体何だったのか。ぼくは失意のどん底に落ちた。

この日、ぼくはマーケットという巨人に踏み殺される蟻だった。

バカだったのはぼくだったんだ

❖半笑いで冗談交じりに話しかけてくる同僚や上司たち

さらにぼくの受難はこれだけでは終わらなかった。

ぼくが株に入れ込んでいるという噂は会社の同僚に知れ渡っていた。もちろん自分から積極的に公言したつもりはない。しかしなんせ頭の中のほとんどは四六時中株のことを考えていたのである。

こうなるとなかなか隠し通せるものではない。何かの雑談の拍子にぽろっと本音が出ていたのだろう。

そしてテレビやネットでは連日、リーマンショックの話題で持ち切りなのだ。同僚たちからしたら、このぼくの状況は「メシウマ」以外の何物でもなかっただろう。ろくに仕事もできないくせに、一発逆転を夢見て株なんていうギャンブルになけなしの全財産を突っ込んでいたバカが大損したに違いない、と。

そしてそんな同僚たちの財産は全額円預金でびくともしていない。いやむしろ（彼らはその意識はなかったと思うが）強烈な円高によりその価値は大きく増していたのだ。すると、ちょっと軽い気持ちでからかいにくる者も現れる。

「株、すごい下がってるみたいだけど大丈夫？（笑）」

「株、まだ下がるってテレビで言ってるよ！　どうするの？（笑）」

青い顔で廊下を歩いているぼくにすれ違いざまや、自席で仕事が手につかなくなっている時、入れ替わり立ち代わりそんなことを半笑いで冗談交じりに話しかけてくる同僚や上司たち。

もちろん彼らに悪気はないだろう。ぼくがそんな精神状態になっていることなど知る由もないのだから、本当に軽い世間話のつもりであろう。しかし当時のぼくにはそれを笑いに変える余裕はなく、ただただ苦笑いでその場をごまかすことが精一杯だった。

しかしまだ明るい昼間ならよい。夜は本当につらい。夜道を歩いて帰っていると、何かに押しつぶされそうな感覚を覚えた。

❖株は結果がすべて。ぼくは負けた

株は結果がすべてだ。ぼくは負けた。一時は心の中で思っていた「同僚たちのほうがバカ」などということはとんでもない話で、バカなのはぼくだったんだ。

そもそも彼ら優秀な同僚たちなら投資をやらせてもぼくより上手くやったに違いない。頭も要領もよく仕事もできる彼らなら、きっとそうだろう。そんな同僚たちでさえ、ぼくが株にうつつを抜かしている5年間、投資などには目もくれず必死に仕事でスキルを磨いて実績を積み上げていたのだ。

どちらが正しかったのかは言うまでもない。ぼくはこの時30代半ば。もう絶対に彼らには追いつけないだろう。

ぼくはウサギとカメのカメだ。しかし昔話と違うのは、ウサギである同僚たちはその高い能力で休まず走り続け、能力の低いぼくは怠けていたのだ。この差はもう埋め切れないほど広がっていた。これが本当の社会だ。

強いものはより強くなり、弱いものは淘汰される。現実社会で勝つのはウサギであってカメではない。なぜこんな当たり前のことにいまさら気づいたのか。もう負けを認めよう。負けを認めてやり直そう。

ぼくは物事に失敗した時、いつもやることがある。まず落ち着いて、今もっているものを確認し、これを元にどう再構築していくか考えるのだ。

ぼくは負けを認め、心を入れ替えて新人になったつもりになり、優秀な同僚たちがいかんなく能力を発揮できるよう、サポート的な業務から地道にやっていくしかないのではないか。そんなことを思いながら帰宅した。

暗い夜道を歩いて帰ってから少し食事などをしてみたものの喉を通らない。まるで脳の中心に大きな鉛玉を埋め込まれたようだ。少し別のことをしてみようと思いぼくはパソコンをつけた。

そうだ、世の中にはぼくと同じような思いをしている人もたくさんいるに違いない。彼らはどうしているんだろう。そう思ったぼくは株式掲示板を見に行った。そこは次のような書き込みで溢れていた。

「なんで下がるってわかってるのに株なんて買うの？　バカなの？」

「買い豚の皆さん、今日もご馳走様でした！（＾＾）」

「ホルダーのみなさん今どんな気持ち？　ねぇねぇ＞＞」


　ぼくはそっとパソコンを閉じた。そして翌日も、またその翌日も、相場は下げていった。掲示板の彼らの言うことまで正しかった。


　いや、掲示板だけではない。日経やブルームバーグ、テレビの経済専門番組といったトラディショナルなメディアも、学者やエコノミストといった識者も、言葉はきれいだがすべて言っていることはほぼ同じだった。

　世界で間違っているのはぼくだけだった。

憧れの銘柄も、見るも無残な株価に

❖敗戦処理して見えてきたもの

それから数日後、ぼくはあるカフェにいた。仕方なく重い腰を上げて敗戦処理を始めるためだ。

パン屋と併設されているこのカフェの窓からは緑と湖が見え、早朝過ぎると客はまばらになる。これは少し気分を変えて仕切り直しについて考えるにはちょうど良い環境に思えた。

相場を見ると吐き気がするのは相変わらずだったが、毎日自分の資産がめちゃくちゃになっていくのを、見て見ぬふりするのはもっとつらい。ならば、とりあえずこの一番嫌な作業だけはなんとか終わらせて、終わった後にしばらく休もうと思ったのだ。

当時のぼくのポートフォリオの内訳は、中国株をメインに日本の高配当株などをサテライトで投資したものだった。中国株の保有銘柄は日本人に人気になっていたものが中心で、特にヤラレがひどかったのが万科企業という不動産銘柄だった。たしか買値の10分の1になっていたと記憶している。

ぼくはまず、この万科企業を損切りした。一つ損切りすると少し気が軽くなって、この勢いに乗って日本株を含む他のものも損切りした。口座残高は見るも無残となっていたが、これ以上減ることがないと思うと少しほっとしたのは確かだった。

翌日、我に返ったぼくは、あれこれ考えていた。そこで初めて気づいたことだが、ぼくが投資していた中国株よりも震源地であるアメリカ株のほうが断然ヤラレは少なかったのである。なぜ爆心地であるアメリカがのうのうとしているのに、ぼくが資産を数分の一に減らさなければならないのか。当時は納得がいかなかった。

少し脱線するが、これについて今現在思うところを少し述べる。

端的に言えば、ぼくは強烈なレパトリエーションに巻き込まれてしまったのだ。例えば市場規模が10のA市場と、5のB市場があったとしよう。投資家が両市場ともに

3の量を投資していたとする。

それが今回のようなショックが起きて市場からお金が引き上げられた場合、市場に残るお金がどうなるかというとA市場が7／10でB市場は2／5となる。通分すれば7／10対4／10だ。その結果、B市場のほうがダメージは大きくなるのである。

もちろんA市場がアメリカ、B市場が中国である。特にリーマンショック前まで中国株は世界中で人気だったので、相当の量が世界から投資されていたはずである。それが全部引き上げられたとなれば、中国株がダメージを受けるのは当然だったと言えよう。

ぼくはこうして煮え湯を飲まされてしまったのだ。しかしこれは、このあとぼくがアメリカ株に転向する一つの要因にもなった。

❖過去に欲しかった銘柄を記念に購入

話を元に戻そう。

ぼくは残ったなけなしの600万円を前に、これからどうしようか悩んでいた。もう株はやめるとしても、日本のどこにもこのお金の持って行き場所はなかった。そもそも株以外の投資先がなかったから株を始めたのだから当たり前である。でもその株ももうだめだ。

そう思いつつ、ぼくはパソコンを開いて虚ろな目でいくつか過去に欲しかった銘柄を見ていた。何か目的があって見ていたわけではない。考えがまとまらず、ぼくの指が長年の習慣から勝手に動いてパソコンを操作していただけだった。

そこにはどれもこれも、見るも無残な株価が並んでいた。一時はあれだけみんなが欲しかった憧れの銘柄。ＰＥＲ（Price Earnings Ratio。株価収益率。主に株価の割安度を判断する指標）で割高になって買えなくなると、ＰＳＲ（Price to Sales Ratio。株価売上高倍率。主に利益の出ていない新興成長企業等の株価水準を判断する指標）で見れば妥当だとか、割安でなくても良い銘柄ならいつでも買うほうがよいとか、誰もがむりやり自分を納得させてまで買った銘柄たち。それらがすべて、今まさに捨て猫のような株価で放置されていた。

ぼくが若い頃「たまごっち」という大ヒット商品があった。どこに行っても品切れで、入荷情報があれば店の前には徹夜で長蛇の列ができた。一部では定価をはるかに上回る値段で取引されていたようだ。

しかしそのたまごっちもブームが過ぎると店頭に山積みとなった。投げ売りの末期では3個で1000円でも誰も見向きもしなかった。それを見たぼくは心に何か悲しい思いがしたのを覚えている。このリーマンショックは、脳裏にそんな思い出がフラッシュバックするほどだったのである。

この時、ぼくはふと思った。ぼくのこの5年間の人生を捧げた記念として、また今回のこの過ちを忘れないようにするために、あえてこのゴミのように捨てられている株を拾ってやろうかと。

――もうどうでもいいんだ、こんな金、こんな金持ってるから思い出すんだ。毒を食わらば皿までだ――

そう思ったぼくは、そこに並んでいるアリババ、テンセント、Google、米国高配当株（のいくつかを纏めて自分でバスケットにしたもの）の中から、アリババ、Google、高配当株の三つを選んで200万円ずつ投資した。

なお、この時テンセントを選ばなかったのは、その後10年間の投資人生の中で最大のミスとなった。

その後の人生を一変させた1クリック

❖暴落に巻き込まれてしまった場合に唯一できる最善の行動

それから数週間後、ぼくが記念で買った銘柄はどれもこれも、強烈な戻しを見せていた。経済が崩壊し恐慌や戦争も起きかねないこの状況を鑑み、政府が銀行を救済しFRB（Federal Reserve Board/Bank。連邦準備制度理事会。米国の中央銀行にあたる機関）は一気に非伝統的な資産を買い入れる金融緩和を行ったからだ。

これによりリーマンショックという、100年に一度級の資本主義の危機はようやく収拾に向かっていったのである。

結果的にいろいろな葛藤の中でぼくがやった行動は、暴落時に見込みのなくなった株を売ってこれから成長が見込める株に入れ替える、というものだった。実はこれ、運悪く暴落に巻き込まれてしまった場合に唯一できる最善の行動だったのである。

どんな時でも市場に居続けるのは株の鉄則だ。であれば、暴落時にできることはこれしかないのである。

ぼくは偶然そのような行動をとっていた。これにより資産は再び1000万円を回復し、ぼくは首の皮一枚で退場せずに済んだ。

❖人が成功するために必要な能力は二つある

ところで一般的な話になるが、人が成功するために必要な能力は二つあると思う。それはチャンスをチャンスとして認識できる能力と、チャンスを増やすために不断の努力を続けられる能力だ。

結婚や仕事、その他なんでもそうだ。しかしながら、普通は最初の「チャンスを認識すること」もなかなかできないものである。

人はなぜそれができずにスルーしてしまうのだろうか？　これはぼくが思うに普段から考えていないからだと思う。これはある人から聞いた話だが、人は見たものや聞いたことのほとんどを脳のどこかに記憶しているそうだ。

確かに覚えようとしていなくても、この文章どこかで読んだことがあるな、とか、この景色どこかで見たような気がする、という経験は誰にでもあるだろう。しかしそれは無意識の範囲の記憶であって、通常の生活で思い出されることはない。

しかし、何かについて必死に考えた後は、人は何かを見たり聞いたりした拍子にその無意識の中から関連するものが呼び起こされ、何かに気がつく、というか引っ掛かる感覚を覚えることがある。これがチャンスを認識するということだとぼくは思う。だからその無意識を最大限利用するには、常に解決したいことに関して問題意識を持っている必要がある。株についてもずっと考えていれば自ずとチャンスは見えてくるはずだ。

そして株の場合においては、暴落はチャンスなのだ。なぜそんな絶好の球を見送りしてしまう？　暴落は思いっきりバットを振るタイミングなのだ。

しかも結婚や仕事では自らチャンスを作るための努力も必要だが、株式投資のチャンスは待つしかない。つまり発見するだけでよいのだ。これはある意味楽かもしれないのだから、チャンスと見たら思いきり動くべきだ。

さて、ここでやや唐突だが、本書のタイトルどおり、ぼくは最終的に資産3億円を達成する。

この時の買い注文クリックは、まさにそれを現実のものとするための大きな分岐点だったといえる。一度諦めたその先でのこの買いは、資産どころかぼくのその後の人生そのものを一変させるほどの大きな分かれ道だった。まさに1クリック3億円の価値である。もしこの1クリックがなかったら、ぼくの人生は全く違うものになっていたはずだ。

なお、振り返ってみれば目標を達成するために大きな分岐点は二つあった。その一つ目はまさにこの時、二つ目の話はまた後ほどしよう。

コラム

子どもにFIREしていることを伝えるか

◇社会は、すべての立場の人々によって成り立つ

しばしばＦＩＲＥ済みの方のコミュニティで「子どもにＦＩＲＥしていることが知られるのが心配だ」とか「どうＦＩＲＥしていることを伝えたらよいものか」という話題を耳にすることがあります。これは基本的には子育て同様、各家庭の方針と事情によるものとは思いますが、ここでは私見を述べたいと思います。

ただ、そう言う私もこれについては試行錯誤の最中で、まだはっきりとした方針は決まっていないのです。

まず、子どもにＦＩＲＥの概念を伝えることは難しいと言えます。なぜなら社会は投資家以外にも労働者や経営者、自営業など、すべての立場の人々によって構成されており、そのどれが欠けても成り立たないことを理解して貰わなければならないから

です。これには相当の思考力が必要ですし、ひょっとすると大人でも特段認識していない人もいるかもしれません。そのようなレベルの話を年端もいかない子どもに理解させるのはなおさら難しいことでしょう。

さらにFIREの概念を伝えるには、それを理解した上でそれぞれの立場にメリット・デメリットがあり、社会を構成する一人ひとりの向いている立場もまた人それぞれだということも知って貰う必要があります。

本書は特に資本家の視点でメリットを強調して書かれていますが、資本家にはデメリットももちろん存在します。その一つに資本家は非常に厳しい自己責任の世界に晒《さら》され、高いリスクを請け負っていることがあります。

サラリーマンであれば、仮に仕事がうまくいかなかった時でも同僚とお酒を飲みながら上司や会社の愚痴を言えばスッキリするかもしれません。人に責任転嫁すればひと時だけでも自分は悪くない、と思えるからです。

しかし資本家はそうはいきません。資本家が失敗した時、それはすべてその投資を決定した自分の能力が低かったという冷酷な事実を突き付けられます。それ以外の理由は1ミリもないのです。資本家が失敗した場合、なんて自分は大馬鹿だったんだ、と涙ながらに一人酒を飲むしかないのです。このいわば自分で自分の悪口を言うしかない、逃げ場のない感覚は経験者にしかわからないつらさかもしれません。

また、高いリスクについても同様です。サラリーマンであれば仮にどんなに会社に損害を与えたとしても、それが組織の正式な承認のもとに決定されたプロジェクトであれば、全く非難されることはありません。仮に個人の仕事上のミスであっても、それが故意でなければ大抵の場合は始末書レベルで済みます。最悪の最悪でも解雇という、ダウンサイド限定のリスクで済むでしょう。

しかし資本家の場合は違います。投資で出た損害はすべて自分だけで引き受けなくてはなりません。しかもそれはダウンサイド無限の損害で、時には一瞬で丸裸以下になるリスクを常にはらんでいるのです。

したがって、このようなリスクを背負うことに強いストレスを感じる人は資本家には向かず、むしろ地道に努力すれば確実に成果が出る労働者の人生のほうがずっと幸せというものでしょう。

また、経営者であれば、志をともにできる仲間と共に、社会にずっしりと手ごたえのある影響を与えられる満足感がある反面、ステークホルダーという様々な人をマネジメントする苦労があることでしょう。

自営業であれば、一国一城の決定権で自分の思うままに仕事ができるメリットはありますが、リソースは自分一人の一馬力です。この制限により、社会に大きな影響を与えるほどのスケール感のある仕事はしづらいかもしれません。

◇子どもに誤った認識を植え付けてはいけない

確かに、金持ちになるという一点については労働者以外を選択しなくてはなりません。

しかし、あなた自身が資本家に向いているからと言って、子どももそうとは限りません。子どもは常に別人格で、しかも大抵の場合は親と同じようにはならないものです。あなたは本書を手に取るくらいですから資本家に向いた才能をお持ちかもしれませんが、あなたの子どもは労働者や経営者、自営業のほうが向いているかもしれないのです。そういう可能性を考えれば、資本家だけを称賛し他のポジションを貶めるような教育だけは避けるべきでしょう。

繰り返しになりますが、そもそも社会にはすべての立場が必要なのです。資本家だけでなく、労働者・経営者・自営業、すべてのメリット・デメリットを伝え、親は子どもが最も興味を持ち、幸せに感じる立場に導くべきでしょう。

であるならば、子ども自身がこれらのことを理解できるようになるまでは、どうとでもなれるような姿を見せておくほうが無難です。それはすなわち、子どもに「どうやらパパママは毎日なにか〝働く〟ということをしているようだぞ」と思わせるような姿です。

逆に毎日家にいて、「何をしているのかわからないけど、家にも住めるし、おもちゃも買ってもらえるし、美味しいものも食べられる。それが当たり前」と子どもに思われるのはいささか危険と言えます。

私はそのように思うので、毎日必ず決まった時間に家を出て、外で何か（本書の執筆のような仕事や、スポットで請負った仕事、資産管理、調査など）をするようにしています。

少なくとも、資本家以外を貶めるような軽はずみな言動は、それがたとえ家庭内の冗談まじりであっても厳に控えるべきです。一瞬でもそのような不用意なことを口走れば、子どもは必ず見ているもので誤った認識を植え付けてしまう可能性がありますので、これだけはやめておくことをお勧めします。

そして子どもの成長を見て、頃合いが来たと判断したら、じっくりと膝を突き合わせて話し合い、伝えればよいのではないでしょうか。

第3章
2010〜2016年
休職。
そして、復職へ

曰く付きのチームに異動

❖投資家としては順調だったが…

あの忌まわしいリーマンショックから数年が経過した。相場はリーマンショックを大底に着実に持ち直し、ぼくの投資資産は入金と投資利益を合わせ、3000万円を超えていた。

その他、この間に母が亡くなりぼくは1000万円を相続したため総資産は4000万円になっていた。ここまでの規模になるとFIREは射程に入ってきたと言えなくもないが、ぼくのこだわりとして相続分は計算に入れたくなかった。

このように投資家としては何とか復活し体裁が整ってきたぼくだったが、仕事のほうは相変わらずうまくいっていなかった。いやむしろ、状況はさらに悪化していた。

過去に花形部署から地味な部署に異動になったぼくだったが、そこでもまた評判を落とし、部署の中でも曰《いわ》く付きのあるチームに異動になっていた。

何がどう曰く付きだったかと言うと、そこのチームリーダーが一癖も二癖もある人物だったのだ。そのチームに配属された社員は次々と退職したり異動したりしていた。まあ平たく言えばパワハラだ。どの会社にも一人や二人はそういう人がいるだろうから、これを読んでいる読者もイメージしやすいのではないだろうか。ぼくは残念ながらそこに異動となってしまった。

ところで〝残念ながら〟とは書いたが、そのパワハラ上司とぼくが出会ったのはまさに必然、まさに出会うべくして出会ったとしか言いようがない。

なぜならパワハラ上司はパワハラを繰り返すことですぐに部下をつぶしてしまい欠員が出てしまう。すると会社は代わりの人員を補充する必要があるが、どのチームも活躍している人材は絶対に外に出したくないはずだ。すると補充人員として白羽の矢が立つのは、ぼくのようにいなくなっても構わないような人材というわけである。

これを必然と言わず何と言おう。上司がパワハラで困っている人の中には、ぼくと同じように本人に問題がある場合も多少はあるかもしれない。

❖マイルールを人に課すパワハラ上司

実際、ぼくはキャリアより投資を優先する決意をして早10年が経過し、その間はただただ、投資資金を得るためだけの手段として仕事を続けており、毎日の仕事が相当なストレスで全くパフォーマンスを出せないでいた。

しかし、そんなぼくを見てパワハラ上司が黙っているはずはなかった。パワハラ上司はぼくの動きが鈍いとみると3分ごとに成果を求めるルールを作って課してきた。チーム専用チャット上で、何か一つやる毎に成果を書き込めと言うのである。3分間も書き込みがなければ「何やってるんですか！　手が止まってますよ！」と矢のような催促がくる。これではトイレもおちおち行けない。3分以内に帰ってこなければ今度は「どこ行ってたんですか！」と怒号が飛ぶ。

またある時は叱責の後、問題社員で有名な他の社員を引き合いに出し「君より○○さんのほうがよっぽど使えますね！」と大声で言ったりもした。これはさすがに今の時代では、完全にアウトではないか。

ぼくはそんな会社の勤務時間を拷問のように感じていた。1分が過ぎるのが長すぎる、いや1秒ですら早く経ってほしい。そんな思いで1日に時計を何回も見た。しかし、時計はさっき見てから10分と進んではいなかった。

そんな針の筵《むしろ》のような時間が連日朝8時半から23時過ぎまで続き、終電を理由に帰ろうとすると、パワハラ上司は待ってました、と言わんばかりに大量の仕事を振ってきた。

絶対に徹夜させてやる、という強い意思を感じた。ぼくは結局そのまま朝までパワハラ上司と二人きりで働き続けることになった。これらはすべてこれまでのぼくの仕事に対する態度が招いた結果だった。

なおパワハラ上司自身はそんな生活を何年も続けており、特に苦ではないようだった。仕事が趣味で家庭もなく、会社のすぐ近くに居住していたので可能だったのかもしれない。

どの会社にも会社に住んでいるような人が一人や二人はいるだろうから読者も想像しやすいだろう。食事も市販の栄養調整食品ばかり、毎日自席で仕事をしながら食べていた。おまけに「ヲタク」を公言して自席には職場に置くには憚《はばか》られるような本まで置いていて、これだけ好き放題できたらストレスも少ないかもしれない。

またマイルールを人に課す側というのも、人に決められたルールを押し付けられる側に比べれば当然、(彼とぼくとで同じ時間を共有していても)受けるストレス量は小さかったろうと思う。

なお、読者はなぜそんな人物を会社は管理職にしておくのだろう? と疑問を持つかもしれない。しかし大抵の場合、こういう人物はプレイヤーとしては非常に優秀なのだ。この上司も仕事は抜群にできる人だった。

❖生命維持以外、脳の活動がすべて停止

それに対してぼくはというと家が遠かったため、仮に運良く早朝3時くらいに解放されたとしても自腹でタクシーに40分乗り家に着いたら4時前。そこからシャワーを浴びて少しだけ食事をして5時過ぎに寝ようとしても、7時半にはまた起きて出勤しなくてはならない。このプレッシャーでろくに眠れることはなかった。

それでも土日は休めていたので最初の頃は何とかなっていたが、そのうち月曜が恐

ろしくなり土日も寝られなくなった。平日も休日も、仮に寝られても1時間くらいで大量に発汗して起きてしまう。それが夜中に2〜3回繰り返される。

さらに不運なことに、まさにこの時期ぼくの父が終末期を迎えており、ぼくは土日に東京に行かなくてはならなかった。ホスピスでケアマネージャーや担当医と決めなくてはならないことが山ほどあった。

土曜の朝からその用事があり、金曜の深夜、仕事が終わってから車で東京に向かう途中、急に呼吸が苦しくなり高速道路のパーキングエリアで失神するように休憩したこともあった。

会社にいる昼間も、見ている景色が時々止まるような症状が現れてきた。システムの貧弱な動画配信サイトで動画が度々一時停止して真ん中でカーソルがくるくる回る、あんな感じだ。それが現実の視界に現れた。

そんな生活を続ける中、やがてぼくの脳は活動を停止していった。前にぼくの脳を10個の並列処理装置に例えたが、もう一度それで例えれば、もはや自分の生命を維持する1個の処理装置を除き、残り9個はすべて停止していた。

投資についても家族についても考える余裕はなかった。ああ、この最後の1個が止まった時、人は電車に飛び込むんだろうな、と思った。

特に危険だったのが、恐怖心がなくなってしまったことだ。この状態になるとちょっとコンビニにでも行くような感覚で電車に飛び込めそうになる。これは今思えば本当に恐ろしい状態だった。これはあくまでぼくのケースではあるが、もし読者の人がこのような症状を自覚した場合は躊躇なく逃げ出すべきと思う。

❖そして、ぼくは完全に壊れた

そんな限界に達していたある日の夕方、ぼくは仕事でミスをした。このミスはかなり大きなミスだったので、パワハラ上司に加え、その上の課長からも厳しく叱責された。そしてパワハラ上司の監修のもと、翌朝までに完璧な資料を作ることが命ぜられた。

しかし仕事は全く手につかない。何からすべきか、そもそも何をすべきかさえ覚えていられなかった。

パワハラ上司はさすがと言うべきか、こんな状況でも一切手を貸そうとはしなかった。これが彼流の指導なのか、それとも単にイジメているだけか、最悪、翌朝に出す資料はすでに自分で用意して高みの見物をしているのか、それはわからないが未明の会社で二人きり、無言で時は流れていった。

朝4時ごろ、ぼくは席を立ってトイレに行った。

そしてここで、ぼくは完全に壊れた。

もう、だめだ

❖前に進む気力も来た道を戻る力もない

午前4時。会社のトイレの個室に入ったぼくは、かろうじてトイレットペーパーが置けるだけのわずかな奥行きの棚に倒れ込むように頭を突っ伏した。

――もう、だめだ――

ただ一言、それだけが頭に浮かんだ。でも資産はまだ4000万円程度だ。今ここで辞めたら家族持ちではFIREはできない。それどころかもう二度とFIREを夢見ることさえできないだろう。

そもそもこの会社にいようと思ったのはソコソコ高給だったからだ。仕事も嫌で給料も安かったらとっくに辞めている。でも、もしかしたらそのほうが幸せだったかもしれない。下手に高給だったからFIREを夢見てここまで頑張ってしまったのだ。

そんなことがバラバラに頭の中で渦巻いた。

つらい、とにかくつらい。そして週末はまた父のケアで東京に行かなくてはならない。

この時、ぼくは漆黒の闇に包まれた山道を十数年、一人歩いているような感覚を覚えた。思えばまだ最初の頃、森の中を歩いている時は様々な分かれ道があった。10年以上前にはFIREを諦め、この会社を見限って自分がモチベーションを持てる仕事に変える道があった。でもぼくはＦＩＲＥを諦めきれなかった。

また数年前にはＦＩＲＥの夢をキッパリ捨て今の仕事に全力投球し、少しでも仕事から喜びを発見する道、それがあった。それでもぼくはＦＩＲＥを諦めきれなかった。

結果、ぼくはＦＩＲＥという山頂を目指し前に前にと進み続け、気がついたら森を抜け、刃の先のような脊梁《せきりょう》に出てしまった。周りを見回すともう分かれ道はない。

そして今、息を切らしながら前進して来たその脊梁の一本道は、登れば登るほど道幅も狭くなり、横からは暴風まで吹いている。少しでもバランスを崩せば左右の谷底へと滑落してしまいそうだ。

もはやここに立っているだけで精一杯のぼくには、前に進む気力もなければ来た道を戻る力もなくなっていた。進むことも戻ることもできない。ぼくは今にもバランスを崩して谷底へ滑落しそうな体を、ただただ、その場で１秒１秒、必死に支えることしかできなかった。

もう、もう、もう疲れたよ。力を抜こうか、このまま人生を終わりにしようか。

ここでふと、父のことが頭によぎった。今まさに終末期を迎えている父は、昭和時代の仕事人間で、ほとんど家にいたことがなかった。おそらく仕事はつらかったはずだ。そのせいで40代50代60代と3回も入院し手術を受けた。仕事をしていなかったらあと10年は長生きできたに違いない。

思えば、ぼくはこの父に多大な影響を受けてきたんじゃないだろうか？

昭和50年代　父の思い出

❖父は典型的な昭和のサラリーマン

ぼくの父はいわゆる典型的な昭和のサラリーマンだった。ぼくが小さかった時はとにかく仕事ばかりしていて、夏休みもどこにも連れて行って貰えなかった。そのため毎年夏休みが終わった後、学校の新学期が始まって「夏休みの思い出」という作文を書く課題が出るたびに話のネタがなく苦労した覚えがある。

父はだいたい毎朝7時くらいに自転車で会社に出勤し帰宅は深夜だった。さらに昭和時代は土曜も会社があったため、この調子で週6勤で働いていたようだ。

そして土曜の夜は部下を3人ほど引き連れて自宅に戻り、母が全員に夕食をふるまった後、もうもうとタバコの煙の立ち込める部屋のコタツで部下たちと持ち帰った仕事を再開していた。ぼくはそれが始まるとタバコ臭いのですぐに逃げ出していたが、父たちはそのまま朝まで仕事をしていたようだった。

今の時代からすると機密情報の持ち出しやらブラックそのものの働き方やらでツッコミどころ満載なのだが、当時の日系会社はどこもそんな感じで、会議が午前1時から始まるなんてこともよくあったようだ。

❖中二病を拗らせた中学時代

ぼくはそんな光景を見続けて育ったので、中学生になる頃にはすっかり中二病を拗《こじ》らせてしまっており、周りの生徒が将来の夢としてサラリーマンをあげる中、ぼくだけは「会社員なんてクズ」と斜に構えていた。そんな信念が既に出来上がっていたため、当然のように思春期には父との摩擦は絶えなかった。

例えばこんな感じだ。大抵の小競り合いは、勉強をせずに遊んでいるぼくを見つけた父の小言から始まる。

「お前！　そんな遊んでばかりいたらいい会社に入れないだろう」

「なんで会社なんて入らなあかんの？」

「大人になったら会社に入るもんだろう！」

「別に会社なんて入る気ねーし」

ここで父は部下の評価表とおぼしき書類を持ち出してきて、ぼくの目前に突き出した。

「会社に入ったらこんなふうに上司に評価されて給料が決まるんだよ！」

父は書類を手の甲でバンバン叩きながら言った。

「だから俺は人と同じことなんてしねえって言ってんだろ！　なんでお父さんの話はいつも全部会社なの？」

「お前は社会を舐めている！　お前のような甘さで飯が喰えると思ってるのか！」

この辺までくると既にぼくもヒートアップしてリミッターが切れており、後先考えずに何でも口から出てしまう。

「人に使われてるだけの人間に何言われても聞く気ねーし。そんなこったからお父さんはその程度の人生で終わってんだよ」

「何だと!!」

「グモッ!!!（殴られる音）」

といった具合だ。


こんな関係はその後も続き、ぼくが就職するまで（結局は父の言うとおり会社に入っているのだが）すれ違いは絶えなかった。と言うか、就職時のこの期に及んでも、まだぼくが入る会社について虚業だとか、もっと堅実な、例えば電機メーカーや電力会社などに入らなくては駄目だ、などとブツブツ言っていた。

このような成長過程を経てぼくも社会に出たわけだが、仕事をして何年か経つと、あまり父と話す必要も時間もなくなり、過去にそういうイザコザがあったことさえ自然に忘れていた。

❖資産作りの最初は、労働したほうが圧倒的に早くお金は貯まる

そんなある日、ふと気がついたことがある。

なぜだろうか…？　なぜか、いわゆる「美味しい仕事」がよく回ってくるのだ。

当時働いていた会社は年俸制で残業代は出なかった。しかし、ぼくは父のあの働き方を見て育ったので、終電まで会社にいるのはぼくにとって「普通」のことだった。いやむしろ徹夜せずに帰れるならそれはありがたいことであり、ぼくにとっては「早退」のような認識さえ持っていた。

すると上司という動物は、そういう社員には無形の報酬を与えたがるものなのだ。どう考えても普通にこなせば歩合の良い報酬が貰える美味しい仕事が回ってくるようになった。

もちろん、上司は口に出してそんなことは言わない。言わないがしかし、どう考えてもそうでないと辻褄が合わない状態だったのだ。

そしてぼくはそれを普通にこなすだけで、お金だけでなく実績もついてきた。そし

て気づいたら社会人数年目にしてそれなりの貯金と実績という資産が出来ていたのだ。

この資産が、今のぼくの資産の雪だるまの芯になっているのは言うまでもない。貯金はそのまま投資に向け、実績という資産はより上位の今の会社へ転職するために大いに役立った。これにより結果的にさらに金融資産は増えた。

ある程度の資産を作ろうと思ったら、最初は労働したほうが圧倒的に早くお金は貯まるのだ。1000万円くらいまでは、投資なんてするよりも働いたほうが何倍も効率は良いだろう。


ここまでで既に、ぼくはかなり父の影響を受けていると言えるが、本題はこの先だ。

❖50代前半で早期定年退職し、言うことが一変した父

ぼくの就職後に父がどうなったかというと、子会社の取締役になった。しかし、これは父にとっては不本意な結果だった。父は本社で出世してせめて部長になるのが夢だったからだ。

その夢を糧にブラック労働を続け、課に割り振られた残業手当の上限枠（当時の父

の会社では課長自身の人事評価に課の人件費を抑制する項目があったようだ）もすべて部下に付け、自分は残業代ゼロで働いてきたのに、叶わなかったのだ。

昭和の日本企業はある意味優しさもあり、そういう社員には子会社の役員のポストを用意してくれたのだが、それは本社でこれ以上出世しない、ということを意味するのは周知の事実だったため、父の落胆は相当なものだったはずだ。

そして18歳で九州の田舎から出てきて以来、数十年のブラック労働の間に父は体を何度も壊し、数度に及ぶ入院と手術でボロボロになっていた。そのため取締役になった後は以前のように働くことはできず、そのまま50代前半で早期定年退職を選択した。


そしてその頃になると父の言うことが一変してきた。

「会社なんて、どんなに尽くしても報いてくれないよ」

「どんなに忙しくても、夕食は絶対に7時に食べなさい。良いものを深夜に食べるより、悪いものでも7時に食べるほうがいい」

というようなことだ。

あんなに会社にすべてを捧げていた父がこんなことを言うなんて！　と、ぼくが父の変化に心底驚いたのは言うまでもない。今から数十年前、父もたぶん、会社で今のぼくと同じくらいつらい場面はあっただろう。だが父はその場面で恐らく頑張ることを選択したはずだ。その結果がこれだ。

❖辞めようと決意した瞬間、頭が再び動き出す

そんな思い出が暗黒の脳裏によどんでは消えを繰り返していた中、ぼくは突然はっと我に返った。ぼくの意識は午前4時の会社のトイレの個室に戻ってきた。

ぼくはもう限界だ。

――体を壊すぐらいだったら辞めたほうがいい――

あまり家にいなかった父が唯一、背中で教えてくれたのは、こんな場面で頑張るな、ということだったのではないだろうか。

――もういいや、クビになっても――

ぼくの頭の中で、ついに何かが一線を超えた。

その瞬間、不思議なことが起きた。ぼくの脳の中で止まっていた9個の処理装置のうち3つくらいが再び動き出したのだ。辞めようと決意したことで、ぼくの脳が最後の緊急用予備エネルギーを開放してくれたのかもしれない。とにもかくにも、これで最後に必要最小限のことだけは考えることができた。

トイレから出て自席に戻ったぼくは、少しだけ動き出した脳で、課題となっていた仕事を終わらせた。時計を見ると7時前だった。

周囲の同僚たちが出勤してきてまた新しい1日が始まった。慌ただしい朝会やメールチェックがひと通りすんで少しほっとした雰囲気が流れ出した10時ごろ、ぼくは机から財布とスマホを取り出してロッカールームに行き私物を一通り確認し、外に出た。

季節は春で陽がサンサンと降り注ぐのどかな日だった。そのまま正門まで歩いていき、守衛さんに軽く挨拶して会社の門を出て角を曲がったその瞬間、ぼくは全力でダッシュした。

バックレである。

ぼくはこのエリート優良企業の正社員なのに、バックレたのである。

会社をバックレたって命までは取られない

❖食べられるということは、まだ生きていける

後のことなんて何も考えていなかった。戦争で敵前逃亡したら銃殺だが、会社をバックレたって命までは取られない。何が怖いと言うのだ。

そう思ったら少しお腹が空いているのに気づいた。そういえば昨日の昼から丸一日何も食べていない。食べられるということは、ぼくはまだ生きていける。人間は食べられなくなったら早い。そこまでストレスを溜めてしまったら死ぬしかなかった。ぼくはすんでのところで引き返してきたのだ。

ぼくは周囲を見回してたまたま目についた定食屋に飛び込み、バクダン丼を食べた。

——う、うまい!!——

強烈にうまかった。仕事の心配をしないでする食事がこれほどまでにうまいのか、ぼくは感動した。

食事が終わるとちょうど正午ごろ。ぼくは店を出て家に向かった。その日は相変わらず天気が良く、太陽が眩しかった。道の脇の草むらからは懐かしい香りがした。新緑の草が出す自然の香り、こんな若草の香りは数十年ぶりにかいだ気がする。前にかいだのは幼稚園くらいの時だったろうか。あれからだいぶ時間が経ったが、地球は何も変わっていなかった。変わったのはぼくの生活だけだったのである。

家に着いたぼくは軽くシャワーを浴びて携帯の電源を切り、カーテンを締め切り倒れるように布団に入った。夜に一度トイレに起きて携帯をつけると何件か着信履歴が入っていたがすべて無視し、また寝た。

休職。そして図らずもFIRE同然の生活がスタート

❖クビを覚悟し、出社

翌日はさすがに朝には目が覚めて、ぼくはしばらくダイニングでぼうっとしていた。するとすると電話がかかってきた。

会社からだ。うるせぇな。

しかしそうは言うものの、やれやれ、そろそろ一度くらい出てやるか、と思い電話を取った。

電話は課長からだった。課長は電話口からもわかるほどイライラした声でとにかく

一度来いと言う。でもぼくは行きたくないと言った。何回かの押し問答の後、ぼくは「しょうがない、明日なら行ってやる」という上から目線の口調で翌日午後に出社することを了承した。完全に挑戦的な態度である。

翌日お昼過ぎ、ぼくは足取り重く先日猛ダッシュしたばかりの道を逆に歩いて会社に向かった。会社に着いて部屋に入ると課長が来て、パーテーションで仕切られただけの会議室で待つよう言われた。パワハラ上司は数メートル先で相変わらず仕事をしている。ぼくは目を合わせないようにさっと会議室へ入った。

しばらく待つと、入ってきたのは部長だった。

「どうしちゃったんだ？」

そんなことを聞かれたような気がするがあまり覚えてはいない。顛末は課長から詳しく聞いているはずなので単なる挨拶代わりだったのかもしれない。とにかくぼくは「もう無理です」とだけ繰り返し言っていたような気がする。

もうクビだな、そりゃ当然だ、あんなことをしたやつは前代未聞だろう。そしてこの挑戦的な態度、向こうも頭にきているに違いない。

しかしぼくの予想とは裏腹に部長は意外な提案をしてくれた。

❖2年間、私傷病で休職できる制度がある

「早まって辞めることはない、どうだろう少し休職して休んでみては。この会社には2年間は私傷病で休職できる制度がある。これを利用できるようにしてあげるからそうしたらどうか」

「そしてまた働きたくなったら戻ってくればよい」

なんとありがたいことだろう。あそこまでやったぼくのような不良社員にこの待遇。そうだ、この会社で上に行く人は誰にでも差別なく何事にも手を抜かないのだった。こんなぼくに対しても真剣に最善の方法を考えてくれたのだろう。この会社は局所的にはブラックだったが、全体的にはホワイトなのだ。

ぼくとしても、既にこの時もう二度と会社に戻らない決心はついていたものの、これまでの仕事のダメージがあまりにも大きく、しばらくは新たな仕事もできるとは思えなかった。その間に無給とはいえ身分だけは保障されるのであれば特にデメリット

はない。退職金や失業手当がすぐ貰えなくても4000万円の資産があれば当面の生活には全く困らない。ぼくはありがたくその提案を受け入れることにした。

こうして図らずもぼくのFIRE同然の生活がスタートしたのである。

なお、この時の部長は数年後、社長となった。

休職満期を前に、ある作戦を思いつく

❖休職後、1年経っても残るダメージ

図らずして休職という名の強制FIRE生活に入ってから季節は夏に移り変わり、そして夏も終わり、父は他界した。

これによりぼくのFIRE生活のスタートはいわゆるバラ色ではなく、ただただ仕事で受けたダメージを癒すことと、父の看取りと、逝去後の手続き一色で埋まっていた。

父の手続きには時間がかかったため、やっと一段落した頃にはもうすっかり秋に

なっていた（ただし相続についてのみ、姉と相談して一周忌まで保留することになっていたので手付かずだった）。

秋頃になっても、まだ仕事による体のダメージは抜けきっていなかった。すでに数ヶ月も経っているのに全く頭は動かず、本を読んでも1行前の内容も思い出せないし考えも纏まらない。また食事中に突然気分が悪くなって戻してしまうこともよくあった。それで深夜のファミレスで迷惑をかけてしまったこともあった。

そのような症状が治まるにはさらに冬も超え、休職から9ヶ月も経過した年明け頃までの時間が必要だった。

やっと落ち着いてきたその頃、ぼくが何をしていたかというと、朝から晩までネットの一人将棋をやっていた。実はぼくは生まれてから一度も将棋で勝ったことがなかったので、前々から将棋で勝つ思考とはどういうものなのか興味があった。それで、せっかくの有り余る時間でチャレンジしてみたわけだ。

なんてことはない目標だが、休職してから初めて自分で何か目標を決めてやる意欲が出たことや、一つのことを頭が混乱せずに最後までできたことは、止まっていた脳が動き出した証拠と言えるかもしれない。ちなみに将棋に勝つ時の、周囲の逃げ道を塞いで一気に追い詰める感覚は面白かった。

ここまできて、ようやくまた他のことについて少しずつ考えられる余裕ができてきた。しかしこの時すでに休職後1年近く経っていたものの、相変わらず会社に戻る気は一切起きなかった。それどころか二度とあそこで仕事はしたくない、とより強く思うようになっていた。

❖リーマンショックの恐怖が抜けきれず、投資行動は委縮

ところで投資についてはどうなっていたかというと、この時期、アメリカの四半期GDPの成長は減速が伝えられており、リセッション（景気後退）に突入するのではないか、と盛んに噂されていた。

市場に蔓延する不況が来るかもしれない、という雰囲気は、まだリーマンショックの恐怖が抜け切っていなかったぼくの投資行動を萎縮させるには十分だった。

あの忌まわしい記憶からだいぶ時間が経ったとはいえ、あのロープの切れたエレベーターに閉じ込められたような恐ろしい無重力感、あの恐怖は簡単には忘れること

はできなかった。たまらなくなったぼくはポジションのかなりの部分をキャッシュに変えてしまった。

ところが相場はそこから反転し、大きなラリー（上昇相場）が始まったのである。ぼくは資産を減らしたわけではなかったが、大きな機会損失を犯してＦＩＲＥはさらに遠のいた。


その後数ヶ月間、ぼくはモラトリアムだった。新しいことは何もやる気が起きず、何に対しても現状維持で済ませたかった。そのためこの時期の思い出はほとんどない。ただ、今思い返せば体調だけは着実に良くなっていったような気がするのと、異常に月日が経つのが早く感じるようになっていた。土日はゴミゴミしている街が嫌で家や近所で過ごし、平日は好きな所に出かけたりしていると、１ヶ月など飛ぶように過ぎて行った。１分１秒が１年にも感じた、あのパワハラ時代とは真逆の感覚だ。

そんな調子で暮らしていると、気がついたらあっという間に休職満了期間の２年が近づいていた。

この後ぼくはどうなるのか？　ぼくは書留で「期間が過ぎましたので残念ですが社内規程に基づいて退職手続きを開始ウンヌン…」という郵便が来てそのままクビかな、と思っていた。まあそれもよい、上等じゃないか。

そんなふうに思っていたところ、満期1ヶ月くらい前になって突如として会社の医務室から電話がかかってきた。医務室と人事部との合同で一度ぼくの復帰について面談したいとのことだった。

正直なところ普通の企業だったら息を潜めて満期を待って退職してほしいところだろう。やはりこの会社はホワイト企業である。ただ、ありがたい話であるにもかかわらず肝心のぼく自身は辞める気満々だった。

❖見逃していたサラリーマンの大きな財産

しかしながら、この時すでにぼくの頭は普通に動いており、いろいろ考えることができるようになっていた。そこでぼくはこの会社員という立場のメリットについて今一度再考してみた。ぼくがいつもやる、そしてリーマンショック後にもやった出直す際の自分の持っているものの棚卸しである。

すると見逃していた大きな財産に気づいた。それはサラリーマンなら簡単に住宅ローンが組めるということである。働いて毎月得られるサラリーは微々たるものだが、不動産のローンは一声数千万円である。しかも全く時間もかからず、ただハンコ一つ突くだけ。これは非常に大きな財産ではないか。サラリーマンの真の財産は借金や結婚のときに威力を発揮する「信用」なのである。給料なんかただのオマケだ。

賃貸vs持ち家の論争は永遠の宗教論争だが、ぼくは持ち家派である。それは自己居住用住居を所有するのは100％空室リスクのない賃貸オーナーになるのと同じようなものと思うからである。

そして持ち家の中でもマンションと戸建てでは、ぼくはマンション派だ。戸建ては生活満足度としてはマンションに勝ると思うが、ぼくのように住居にも投資性を求める場合には向かない。そしてそのマンションにおいても、日本の場合の賃貸用マンションは（一部特別なものを除き）極度に安普請《やすぶしん》なのと比べ、分譲マンションは贅沢な仕様で圧倒的に暮らしやすい。これら諸々のことを考え、ぼくはマンション購入派というわけだ。

そして住居を買うのに必要な資金はサラリーマンなら信じられないような低金利、かつフルローンで調達でき、そのうえ住宅ローン減税をはじめとする数々の税制優遇、住まい給付金などの補助までついてきて、まさに至れり尽くせりだ。

仮に1億円あったとして賃貸で分譲マンションに住んだ場合、1億円が生み出す運用益でまあ十分に家賃はペイできるかもしれない。わずかながらプラスになる可能性もある。

一方、現金1億円は温存してフルローンでマンションを買った場合、1億円が生み出す運用益から金利税金等の経費を払った後の大部分は手残りする。もちろんここからローンの返済があるが、マンション自体も値上がりするのだからローンの返済は貯金のようなものである。なので、ぼくだったらこちらを選ぶ。住み良い家に暮らせて、税金もまけてもらえて、その上お金も増えるのだから。

まあ値下がりしない物件を選ぶ選択眼は若干必要だが、基本的には駅または商業施設直結だけ押さえておけばまず大丈夫だ。

以上からぼくは一つの作戦を思いついた。

最後のサラリーマン生活になる決意を秘め、復職

❖ぼくの通った後はぺんぺん草も生えない？

その作戦はこうだ。まず復職してローン審査に必要な源泉徴収票の体裁を整えるため3年間働く。ローン申込の資格が出来たら適当な物件を見つけ、ハンコを押してローン実行まで待つ。その後はその時の状況で退職してもいいし、まだ働きたかったら働けばよい、というものだ。

これでサラリーマンのメリットを最後の一絞りまで回収できる。こうすれば総資産は1億円を超え、一度は諦めたFIREもまた現実的になってくる。さらにそれまでの期間、おまけとして給料とボーナスがもらえるのだ。

なんだ、辞めるにしてもこうすれば一石二鳥ではないか。ぼくは妻によく「あなたの通った後はぺんぺん草も生えないわね」と言われるのだが、確かにそうかもしれない。

ただ一つだけ条件がある、またあのパワハラ部署に戻るのだけはごめんだ。そこは絶対だ。これが通らないなら退職もやむを得ない。この方針をもって、ぼくは復職の面談に臨むことにした。

❖復職の面談

事前に指定された日はあいにくの曇り空だった。ぼくはよどんだ空を見ながら久方ぶりに会社に行った。少しだけ話は聞いていたが、会社は広くて綺麗なオフィスに移転していた。ようやくこの会社も少しは社員の仕事環境にお金をかけるようになったのだろうか？　まあ、あと3年で辞めるかもしれないぼくにはいまさら関係はないが。

そんなことを思いながらぼくはピカピカのオフィスへ入って行った。

受付で案内された会議室でしばらく待っていると、人事部の部長と部員数名、それに保健師の方だろうか、医務室関係らしき人が入ってきて参加者が揃った。面談は緩い感じで人事部長の世間話から始まり、続いて部員からこの2年で新しく会社に導入された人事制度の説明があった。

少しかいつまんで紹介すると、何やらインターバル制度という、退社から次の出社まで一定時間を確保する決まりや、介護目的で時短勤務にしたり半年間ほど休職したりすることができるようになっていた。ぼくの時にこんな制度があればあんな目に遭わずに済んだのに、と思ったがもう過ぎたことだ。

ここまで来たところで、人事部員の一人が肝心の復帰後の希望についての話題を振ってきた。

来たか！　ぼくは曖昧さを残さないよう例のパワハラ上司と働くのは絶対避けたいことと、それさえ認めてくれるなら配属先はどこでもよいことを慎重に言葉を選びつつ伝えた。

面談は以上で終了し、人事部長から「希望どおりになるかどうかはわからないけど、後日また連絡します」と伝えられてその日はお開きとなった。

ぼくは家路につきながらいろいろ今日あったことを思い返していた。どうやら保健師の人と人事部長はぼくの受け答えがおかしくないか、頭がまともになっているかどうかを見ていたようだ。

就業規則には「休職からの復帰の際に十分に職務を遂行できると認められない場合、会社は休職の延長を決定できる」とある。つまり、タイムリミット1ヶ月前の、この面談でコケることはイコール休職延長であり、それはそのまま満期で退職、と同義となる。

要するに、休職社員をクビにするかどうかは、結局は会社の胸三寸だったのである。

❖グループ会社への配属決定

数日後、人事部から電話があった。ぼくの復職が認められたことと、配属先は以前の部署ではなくグループ会社の一つに決まったので指定された日からそちらに出勤してください、という連絡だった。

助かった、と思った。これであのパワハラ上司とはもう一生顔を合わせなくて済む。そしてさすがだな、と思ったのは配属先についてだ。

グループ会社というと、本社よりはやはり一段下だ。そして復帰後は社報が出る。あれだけのことをした人間はそれなりのペナルティがあることを周囲にシグナリングしつつ、本人の希望はできるだけ叶えるという形にうまくまとめたものだ。

ぼくとしてもサラリーマンの身分だけあれば結構なので、グループ会社でも何ら問題はないし、しかも給料は以前と同じだ。満足な結果だった。

こうして一時は退職を決意したぼくであったが、長い、長い時間を経て、再びサラリーマン生活に戻ることになった。ただし、胸の内に最後のサラリーマン生活になる決意を秘めながらだが。

コラム

FIREと子どもへの相続

一般的に相続対策と言えば、そのほとんどは税制面についての議論となることが多いでしょう。それはそれで大事なのですが、ここではそれは他に譲るとして、他ではあまり聞かない、それでいて税より重要な点について述べたいと思います。これは複数の論点があるので、ここではそれを順不同に列挙していきます。

◇お金も果物同様に腐る?

まず初めに通貨の超長期の価値下落についての論点です。

通貨には「価値の尺度」「価値の保存」「交換の手段」という三つの機能があります。「価値の尺度」で手に入れたいものが他と比較して良いものかどうかを判断し、「価値の保存」により貯金していたお金を持ち出してきて、「交換の手段」で相手に通貨を渡して目的のものを手に入れる、そんなイメージです。これらの各場面で、お金のそれぞれの機能が役立っているわけです。

これが基本なのですが、こと相続について考える際は、このうち「価値の保存」についてもう少し深く掘り下げる必要があります。というのも、お金は短期的には確かに価値の保存として機能しますが、長期的には機能しません。果物も1日～2日程度なら問題なく保存できますが、1ヶ月も放っておいたら腐って食べられなくなってしまうのと同様、実はなんと、お金も何十年という時とともに果物のように腐ってしまうのです！

お金が腐る、という表現は少々驚いたかもしれませんが、これはれっきとした事実で、お金は時間とともに本来の価値をどんどん失っていくのです。

お金が価値を落とすのには主に二つ理由があります。

一つは「インフレ」です。いままで100円で買えていた物が200円に値上げされたら、実質的に100円の価値は半分になってしまったことになります。あなたの預金口座の残高がそのままでも、気がつかないうちに実質的な価値は半減してしまっているのです。

二つ目は「お金は墓場まで持っていけない」とはよく言われる話ですが、これはそのとおりで、お金はあなたの余命に応じて価値を落としていきます。お金はあなたが死ぬ時、あなたにとって価値がゼロになるのです。そして実は、こちらのほうがインフレよりもはるかに問題なのです。なぜならこれは確実に、しかも破壊的に価値を毀損するからです。

ところで、これを言い換えれば、お金とはそれを受け取る人の年齢で大きく価値が異なるとも言えます。そう、お金とは若ければ若いほど価値があり、死ぬ時に腐って実質的価値がなくなるのです。すると、お金とはなるべく若いうちに使ってしまうに越したことはないわけです。

さて、相続についてこの点を考慮に入れるとどうなるでしょうか。

これは、あなたが死ぬまで子どもにお金を渡すのを引き延ばすのではなく、なるべく早く贈与という形で相続するのがお金の本質から言えば正しいことになるのです。

◇お金は稼ぐよりも使うほうが難しい

では、それなら税金のことには目を瞑り、今すぐ子どもに大きなお金を贈与してしまうのがよいのでしょうか。しかし実はこれもまた考えものです。それはお金にはとんでもない魔力があるからです。これが二つ目の論点です。

あなたの子どもが、濡れ手に粟で転がり込んできたお金とうまく付き合うマネーリテラシーがあれば別ですが、大抵それは一朝一夕に身につくものではありません。扱いに困って銀行に現金で置いておくならまだよいほうで、放蕩の限りを尽くしてあっという間に無一文にしてしまったり、巨額な資産に胡坐をかいて危機感を失い、若くして仕事を辞めてしまったりしては結果として本人のためになりません。

あなたが贈ったお金で、子どもたちが不幸になることなど、あなたは望んでいないはずです。こうならないように子ども自身のマネーリテラシーを上げる教育にチャレンジするのはよいことですが、これも必ず上手くいくとも限りません。

さらに、有り余るお金は、受け取った本人の楽しみも奪ってしまいます。

人は今日より明日が良くなる、今日できなかったことが明日できるようになる、という相対的に期待が大きくなっていく時が一番心に充実を感じるものです。

それが巨額のお金に物を言わせ、すべてをすっ飛ばして最初から最高のものを手に入れてしまうと、本来もっと楽しめるはずの物事もすぐ飽きてしまい、楽しめる量が著しく少なくなってしまいかねません。

子どもにお金を渡す際はこの点について毎回判断が必要なのであって、意外と難しいことなのです。

よく言われるとおり、お金は稼ぐよりも使うほうが難しいのです。

◇特別な経験を大量のお金を使って体験させる?

では、お金を早く与えなくてはいけないのに、すぐに与えるのはダメというなら、いっそ子どもに特異な経験をさせることにお金を使うのはどうか、という考えもあります。これは直接的ではないかもしれませんが、事実上の相続と言えるので三つ目の論点として取り上げてみます。

なお、ここで言う経験とは「普通の家庭では体験できないような特別な経験を大量のお金を使って体験させるか」ということです。

例えば、子どものうちに頻繁に海外旅行に連れて行ったりするのはどうでしょうか。

残念ながら、子どもにどんな戦争史跡や歴史的な建造物を見せても、有名なリゾート地に行っても、自分が見たい、行きたいと思っていたり、興味を持って予備知識を自分で調べるくらいのモチベーションがなければ、恐らく大した記憶に残らないことでしょう。

それどころか、当の本人は早くホテルに帰ってテレビゲームをしたいと思っているか、海外の観光地まで来ているのにスマートフォンで日本のコンテンツばかり見たり遊んだりするでしょう。せっかく高いお金を払って連れてきたのに、と親は嘆くと思いますが、子どもがそうするのは子どもになったつもりで考えたら理解できます。

子どもにとって記憶に残ることは、ちょっとした驚きや、子ども自身が持つ特性で興味を持ったことです。そして、そういうことは得てして毎日、ただ一緒に普通に暮らしている中で起こる、意外に何気ない生活の一コマで十分に起こりえることなのです。

海外旅行は親にとってはマンネリ化した毎日の仕事と生活に比べ新鮮な体験かもしれませんが、子どもにとってのそれは毎日の生活で得る新鮮さと同列なのです。

どういうことかというと、例えば毎日同じスーパーに行って夕飯の買い物をするような大人にとっては当たり前のことでも、子どもにとっては季節ごとに並ぶ商品が変わっていくことさえ初めてで新鮮なものなのです。

そういった何気ない驚きや、その時に交わした何気ない会話、それらが子どもの記憶に残るのであって、普段の生活に慣れ切っている親からすれば、そういうシーンを狙って作ることは非常に難しいことなのです。


そう考えると、もしあなたが毎日忙しく仕事をし、残業で子どもの顔も見られない代わりに月1回は一緒にテーマパークに出かけているから十分にコミュニケーションをとっている、と言うのなら、それはあまり良い方法ではないかもしれません。

勿論やらないよりは良いに決まっていますが、子どもにとってはテーマパークも、特別な海外旅行も、季節ごとにスーパーで並ぶ商品が変わるのも、同じレベルでの新しい体験なのです。なので月1回のテーマパークへのお出かけは、ほとんど月に1日だけ子どもと一緒に買い物に行っている程度のコミュニケーションにしかならないと思っていたほうがよいでしょう。

それよりも子どもにとってはあなたが毎日仕事を早めに切り上げ、寝る前に家に帰ってきてくれて、何でもいいので話をした思い出のほうが何倍も記憶に残るかもしれません。

◇金を残す人生は下、人を残す人生こそが上なり

そのようなことを諸々考えると、相続についての中庸な方針としては、「家族にはなるべく早めに、しかしながら何かを始めるには十分だが、それだけでは生きていけない程度のお金を相続（贈与）していく。それ以上の特別なことはしない」のが失敗しにくい方向でしょう。

さて、では困った！　あれもダメ、これもダメ、子どもにお金をかけるのもダメなら、もうこの膨大な資産が余ってしまう、というとても恵まれた状況に、もしあなたがなったらどうするべきでしょうか？　その場合、あなたにとっての相続問題とは、むしろあなた自身がどう早くお金を使うか、ということになります。なぜならあなたにとっても、今が一番あなたのお金の価値が高い時間なのですから。

ちなみに私の場合、そのお金の使い道は子育てでした。子育ては普通にするだけで

も大量のお金が必要ですし、それで作られる思い出もまた大量です。私は子育て以上に良いお金の使い道は見つけられませんでした。だからＦＩＲＥして子どもとの時間を確保し、これにお金を使うことにしたというわけです。

江戸時代末期から昭和初期まで生き、医師・官僚・政治家などで日本にとって数々の偉業を成し遂げた後藤新平が残した名言の一つに「金を残す人生は下、事業を残す人生は中、人を残す人生こそが上なり」というのがあります。

この言葉によれば、お金は子育ても含め広く何らかの人材育成に使うのが最も価値が高くなる使い方だということでしょう。

まとめると、相続はできるだけ早く贈与で「それなり」のお金を渡すことを始め、もし、それで余りそうなお金はあなたにとって最も良い使い方を早く見つけて使う、というのが私のおすすめする相続についての考え方です。

第4章

2017～2019年

第二の
サラリーマン人生
スタート

復職部署は、問題社員のオリンピック

❖ダメ社員チームの役割

かくしてぼくの第二のサラリーマン人生がスタートする日がやってきた。とはいえ、さすがに20年選手になると新入社員の時のようなドキドキワクワク感は何もない。やれやれまた出勤ですか、そんなスレた感覚のみである。

復帰後の最初の仕事は新しい上司との面談だった。新しい上司はあと数年で定年を迎える普通の管理職、という感じの人だった。

面談の次は新しい同僚たちとの顔合わせだ。しかしここでぼくはメンバーを見て思わず苦笑いしてしまった。これはある意味すごいチームだ。

どう凄いのかと言うと、ここはまさに問題社員のオリンピックともいうようなところだったのである。ぼくも会社をバックレるという荒業をやらかした問題社員だが、

なかなかどうして他のメンバーも負けてはいない。

ネットで会社の名前を晒して炎上した社員や、完全に燃え尽きて早10年の窓際の大ベテラン。はたまた何か仕事を振るとすぐ発狂して労働基準監督署にハラスメントを訴えに走るというような奇異な行動をする社員などなど…まるでダメ社員の異種格闘技といった趣だ。

とはいえ、そんなチームでもそれなりの役割はある。会社内でどうしても発生する誰でもできるルーチンワーク。それを優秀な一軍社員がやるのは無駄だ。かと言って、それが社外秘満載の情報を扱う場合、迂闊に外注にもできない。仕方なく社内の誰かにやって貰う必要があるのだが、それを誰がするかと言うと、ぼくらのような問題社員というわけである。しかしながら、これは理論的にも一定の理があるマネージメントかもしれない。

❖８：２の法則

ぼくは昔、８：２の法則というのをどこかで読んだ記憶がある。通常、人事部がどんな優秀でも社員は会社を引っ張る2割の優秀な社員と、6割のそれを支える普通社員、そして箸にも棒にもかからない2割のダメ社員となる。これを8：2の法則といい、人事に限らずありとあらゆる場面で見られる現象なのだ。

ところが、である。この最下部の2割を集めて一つのチームにすると、驚くことにその中でまた8：2の法則ができるそうなのだ。つまり一定のダメ社員は再生されて、普通社員になる可能性がある。

そして残念ながらここでも下位の2割に入ってしまった社員に関しては、どうにか穏便にご退場いただく、という具合だ。なのでこのチームの上司のミッションとしては人材の再生と処分がメインなのかもしれない。

もしこの仮説が正しければ、会社としては「誰かがやらなくてはならないが一軍社員にはしてほしくない仕事」が処理でき、ついでに社員のリサイクルもできて一石二鳥だ。

この会社は基本ホワイトなのだが、ところどころにこのようにエグい陰険さを感じる。土地柄だろうか。

勿論まさか会社がこんなことを表立って言うわけはないので本意は闇の中だが、あのメンツを見れば答えは推して知るべしだ。（その中に自分も入っているわけだが。）

そうこうしているうちにこの日は定時となった。ぼくの復職1日目の業務はこうして終わった。

なぜ、過去にぼくが仕事と投資を両立できなかったか

❖今はインターネットで簡単に投資の最適解を得られるが…

その後、仕事のほうはボチボチといったところだった。さすがにあのメンツの中でさらに落ちこぼれようとしても、なかなかできるものではない。何しろ人と会話できて毎日決まった時間に出勤できるだけでまともなほうなのだから。

それにこの頃になると10年前のぼくのようにキャリアを取るか投資を取るかの二者択一をする必要はなく、十分に両立できるようになっており以前のように周りと対立

しなくてもよくなっていた。

ところでここで、なぜぼくが過去にキャリアか投資か、とそこまで思い詰めなくてはならなかったかを少し補足しておきたい。


当時ぼくがそうせざるを得なかったのは、前にも述べたとおり自分の投資方針を決めるのに今より格段に時間がかかったからだ。今はインターネットで簡単に投資の最適解（米国株インデックス長期投資）が得られるが、当時は情報といえば本屋に行ってもネットを開いても日本株のスイングやデイトレばかりだった。

今、投資の最適解と謳われるインデックス投資ももちろん当時からあったが、当時の論調としてはバブル崩壊以降十数年下がりっぱなしの日経平均を引き合いに出され、大抵はボロクソにこき下ろされていた。日本人の投資家にとって、これはアメリカ人による米株投資限定の話であって、全世界どこでも通用する話ではない、という空気だった。

しかも当時は長期円高トレンドで、これでは米株が上がったとしても利益は為替差損で打ち消されてしまい、ますます日本人にとって魅力の薄い投資手法に映ったのも無理はない。

当時のぼくも全く同じ考えで、インデックス投資はデイトレやスイング・個別株投資といった他の投資手法と同列の一つの手法にすぎない、という認識だった。

何よりぼくは、インデックス投資の拠り所としている「効率的市場仮説（株価に影響する材料は瞬時に市場に織り込まれるため、市場の誰もが市場平均を出し抜くことはできないという仮説）」に疑いを持っていた。

そもそも日本市場にいるプレイヤー全員がそんなニュースを瞬時に正しく消化できるほど優秀だとは肌感覚で全く思っていなかったし、それどころかむしろ市場とは切った張ったの山師ばかりの鉄火場のように感じていたからだ。

さらなるダメ押しとして、ウォーレン・バフェットという市場平均に常に勝利してきた世界最高の投資家の実績が、効率的市場仮説自体が間違っていることを証明しているように思えた。

以上から、ぼくはインデックス投資にはむしろネガティブなイメージを持っていたほどだった。

また、そもそも外国株は取り扱い証券会社も銘柄も少なく、手数料も高額、情報もわずか。おまけに税対応も難しかったため、一部のマニアだけのものだった。そのため国内に流れる情報が日本株についてばかりだったのも無理はない。これが改善されたのは本当に最近のことなのである。

こんな状態で投資初心者がいきなり米国株インデックス投資にたどり着くはずもなく、ぼくは正解探しのため沢山寄り道をして、大変な時間が必要だった。

❖ベストな手法を見つけ出すために、ありとあらゆる手法を試みる

先にも述べたとおり、ぼくは自分にとってのベストな手法を見つけ出すために、株はおろか、為替・商品・信用・先物・オプション、デイトレ・スイング・長期トレード、買いから入るか売りから入るか等、ありとあらゆる手法を試してみた。やってないのは生債券のトレードくらいだ。

ぼくはその膨大な組み合わせのそれぞれについて、知識の吸収と実践をしていったため多くの時間を浪費してしまったのだ。その結果、ぼくは自分の適性として個別株投資の才能はあまりなく、「買い屋」のほうが性分に合っていて、中期スイングに関

しては、人よりほんの少しだけ適性があることがわかった。

このようにぼくは多大な時間とリソースを使ってベストな手法にはたどり着いたが、今ならベターな方法（米国株インデックス積み立て）でよければコストゼロでたどり着ける。しかもベストとベターの差は大きくはないので、圧倒的にベターの方法のコスパが良いのだが、それは今だからである。当時は時間を使うしかなく、その時間の捻出にはどうしても仕事が邪魔だったのだ。

例えばありがちなシチュエーションだが、あなたが「今日は仕事が終わったら帰ってあの株の件について詳しく調べよう」と思っていたところ夕方に急に新しい仕事を振られたとしよう。

そこで普通の社員のあなたは自分の予定は先送りしてでも引き受けるだろう。しかし一度でもそれをすれば今日やった新しい仕事は明日からあなたの担当になる。そして明日はまた新しい仕事が降ってくるのだ。

メンバーシップ型の日本の会社ではこのようなことがエンドレスに繰り返され、結局は毎日終電まで帰れなくさせられてしまうのだ。

それが模範的な日本企業の上司のやり口だ。これでは生活は24時間仕事に専有されてしまい、他のことは全くできない。

こんな時代で自分の意思を貫き通すためには、あいつはちょっとほかの人と違う、と思われようが、強い意志で定時に帰らなくてはならない。その代わり昇進は諦めざるを得ない。なぜなら日本企業は残業時間で昇進が決まるからだ。

ちなみに女性管理職が少ないと言われる日本でも、残業時間を揃えた場合で比較すると男女の管理職になる割合は全く同じだったという研究もあるそうだ。確かにそもそも男女に能力差はないのだから、当たり前である。これは単なる机上の研究だけでなく、ぼくの肌感覚にも一致する。

もう少し正確に言うと日本企業で昇進するには残業時間が多いこと、つまり上司から見た「あいつは頑張っている」は前提条件であり、それをクリアしない限りは男であっても女であっても昇進の候補外なのだ。

仮にだが、百歩譲ってぼくも残業して仕事と投資を両立できたとしても、今度はその時しかできない別の大切なもの、例えば恋愛などを諦める必要があったろう。仕事をしつつ個人的な別の目的も見事達成した、という美談はよくあるが、得てして裏では家庭や健康を犠牲にしていたりするものだ。だって時間は有限だもの。

❖決断とは、何を犠牲にするかを決めるネガティブなもの

そもそも決断とは本来、何かを決心するというポジティブなものでなく、何を犠牲にするかを決めるネガティブなもの、なのである。ぼくの場合は家庭と投資を優先し、キャリアを犠牲にするのを選んだということだ。

この点、ぼくはかなり珍しいケースだったと思う。キャリアはすべての土台になるものだから普通は最後まで最優先で残すものだろう。ぼくがそれをしなかったのは、前に述べたとおりぼくは将来必ず投資で給料の10倍稼ぐようになってやる、と最初に腹を括ったからだ。

ぼくがそこまで思い詰めてたどり着いたベストプラクティスである米株インデックス投資だが、今ではちょっと検索すればすぐ出てくるのは本当に隔世の感だ。投資に限らず答えのある問題はほぼすべて一瞬で解決してしまう。最近は検索すらしなくてもＡＩが教えてくれるほどだ。

だから今ならぼくのように会社で偏屈者になってまで投資に時間をさく必要はないだろう。

ただしぼくの時代はまだ国際的に見ても日本の賃金水準は高かった。やる気のある人を時間的に制限する余計なお世話な法律も緩かったので、やる気さえあれば長時間働いて収入も増えた。年金も健保も消費税も今と比べれば格段に安かった。その上、円も強かったので今よりは格段にドルベースの種銭を作りやすかったと思う。

しかし今はそのすべてが逆転しており、円のサラリーを貯めてFIREが可能になるレベルの種銭を作ることは相当難しくなったとぼくは感じている。もう昔のやり方では門は閉まってしまったのだ。ほんの20年で世の中はここまで変わるのだ。

まとめると、

①ぼくの時代は、給料は良かったが情報がなかった。
②これからの時代は、情報はあるが種銭がない。

一長一短である。なので今ぼくが仮に20歳だったら、一般のサラリーマンが働き方改革で長時間労働できないのを逆手に取り、自分は会社に所属せずに個人で節税して働きまくるとか、まずは集中的に英語を勉強し、その後、あふれる情報を使って何とかしてドルで収入を得られる方法を探すとか、そういう方向へ走ると思う。米株に投資してドルで配当金やキャピタルゲインを得るというのも誰でもできるその方法の一つだ。

❖資本主義社会では投資をしないものは自動的に貧乏になる

本書の冒頭「はじめに」で、本書はＦＩＲＥを目指している方にとって模範になる話がメインではない、と書いたが、それは時代によってここまでやらねばならないことは違うというのもある。

ただ、円のサラリーを貯めてＦＩＲＥするのは確かに厳しいが、だからと言ってもう投資をしなくてよいということにはならない。自分の老後の資金を作るだけでも相変わらず投資は有効だ。というか、必須だ。

日本は資本主義だが、そのルールの根本はトマ・ピケティが唱えたように「r（資本収益率）＞g（経済成長率）」だ。かみ砕いて言えば「資産を持っている人は投資でより裕福になり、労働でしか富を得られない人は置いていかれる」という意味だ。資本主義社会では投資をしないものは自動的に貧乏になるようにデザインされているのである。その基本デザインの下に法律があり、会社の社則などはさらにその法律の下に作られているのだから逃げ場はない。

そして残念ながら読者の方はみんな、資本主義の世の中に生まれてしまった。これは何を意味するかと言うと、生まれた時から強制的に資本主義のゲームをプレイさせられている（すでに放り込まれている）ということだ。

もちろん、そんな中でも自分の主義を貫き通し「投資なんていうギャンブルは自分は絶対しない！」と断固拒否するのは個人の自由だ。しかしぼくに言わせれば、それはまるでテニスコートでむりやり野球をプレイしているようなものだと思う。

そりゃあテニスコートで野球をやろうとしたらやりにくい（生きにくい）に決まっている。ぼくだってもし北朝鮮に生まれたら投資なんかしない。日本に生まれたから仕方なくやっているのだ。

少し話が脱線したが、以上がなぜ過去にぼくが仕事と投資を両立できなかったかの理由である。

3年間が賞味期限のサラリーマン生活

❖上司もまた問題社員オリンピック選手

そうやって仕事も投資もボチボチやって1年ほど経った頃、一つ追加で気づいたことがあった。

最初は普通と思ったぼくの上司、これも実はとんでもないクセ者だったのである。なんと、このチームは上司もまた問題社員オリンピックの選手の一人だったのだ。

どうクセ者だったのかと言うと、この上司、簡単に言えば「察してちゃん」であった。少しでも気に入らないことがあると急に仕事のメールの返事も来ないし、承認依頼も延々と止めて遺憾の意を表明する。

仕事を進めたかったら私の気持ちを察して謝りに来て、と言うわけである。しかしメンバーはそもそも何に怒ってるのかさえわからないのでたまらない。はっきり言って仕事の邪魔だ。

女子大生の「察してちゃん」なら可愛いかもしれないが、いい年したおっさんのご機嫌取りは鬱陶しいとしか言いようがない。しかもこれが同僚ならまだしも上司だと最高にめんどくさい。

さらに独身の仕事大好き人間なので有給中でも家からリモートで部下を監視しており、いきなりメールやチャットで茶々を入れてくる。さすがにこれをされたメンバーはたまらず「頼むから休んでいてくれ」と思わざるを得ない。

その割に何か問題が起きた時に頼りになるかというとそうでもない。

一度メンバーが不注意で機密漏洩事故を起こしたことがあった。こういう時こそ率先して出てきてほしいところだが、自席でノートパソコンを凝視して固まるだけ。結局、部長が直接メンバーに状況を聞き、実務的には係長が対応することになった。ぼくはこれを見て内心この上司に1アウトをつけた。

また、メンバーの一人が病気になり手術入院することになった時のことだ。入院前日にチームでミーティングをしていたところ、この上司は言った。

「君がいない時、誰に聞いたらいいの？」

「入院してもいいけど、その辺どうするのかちゃんとしていってくれないと困るよ」

「仕事ってそういうもんだろう？」

と、明日から入院するメンバーを激しく詰問。そもそも「入院してもいい」って、何その謎の上から目線？　なんで入院にお前の許可がいるんだよ…と、これにはさすがにドン引いた。

ここはウソでも「仕事のことは心配しなくていいから、今はしっかり病気を治して下さい」とでも言う場面じゃないのか？　これでぼく的には2アウト。

❖〝めんどくさい上司〟への対策

そりゃあぼくがキャリアを犠牲にして投資を優先したように、彼はすべてを犠牲にして仕事に打ち込んできたんだろうから、プレイヤーとしてはソコソコなんだろう。会社もそこは認めて課長なんだろうけど、これじゃあ部長にはなれなくて当然。というか昔だから課長までいけたけれど、今入社したら係長止まりじゃないだろうか。彼の数々の恥ずかしい行動は、問題社員のぼくにさえそんなふうに思わせてしまうレベルであった。

ところで、こういう〝めんどくさい上司〟への対策は確立されている。それは「できるだけ上司にボールを持たせない」ことだ。

どういうことかと言うと、何か言われたら「はい！　わかりました！」と返事は元気にスグするけれども、実際にやった報告はなるべく遅らせるのだ。もしすぐ報告してボールを渡すとまた直ぐに細かくてどうでもいい勘違いした変なボールが返ってくる。そうして関わり合いを持てば持つほど、話はドンドン斜め上に行ってしまい、ますます面倒なことになるからだ。

小さい子どもとサッカー遊びをすると、自分のほうにボールを蹴ってくれないので無駄に走り回されてヘトヘトになるが、まさにあんな感じだ。

ただ返事だけは早くしないとプリプリ怒るのでこれは直ぐにする。

そうそう、そう言えばもう一つ、このチームで気づいたことがあった。その際してちゃん上司の下にいた係長さんだが、この人は上司とは対照的に非常におもしろい人だった。

どうおもしろいのかと言うと、肝心なところでミラクルを起こすのだ。例えば（これはもう少し後日の話だが）、係長がズーム会議で重要なプレゼンをしていると、係長自宅の通信不良のせいか音声が乱れた。

その影響で音声がまるで宇宙人というか、昭和時代のアニメに出てくるコンピュータ音声のようなブンブン声になったのだが、係長はいたって真面目なプレゼン中なので笑うわけにもいかない。そんな宇宙人によるプレゼンが粛々と進む中、誰か早く突っ込んでくれ！　と念じても、そこに誰も突っ込まずにスルーされている姿がまたおもしろい。

また声だけでなく画像がおかしくなることもあった。ある日、チームでズーム会議をしていた時のことだ。会議中、誰かがちょっとした冗談を言ったまさにその瞬間、また通信不良で係長の画像が止まったのだ。音声は問題なく聞こえるが画像は停止したまま。そしてその画像が、奇跡の1枚と思えるほどの最高の笑顔だったのである。

しかし問題はここからだ。

察してちゃん上司は会議中のこういう緩い雰囲気が大嫌いなのだ。今回もやはり気に食わなかったのか、すぐに低い声で業務についての固い話をし始めた。上司のこの一言で束の間の和やかな場は一瞬で冷え切り、一気に仕事モードに戻った。

そしてそのまま数分間、会議は滞りなく進行していったのだが、ここでよりによって係長のある一言が察してちゃん上司の何かの地雷を踏んでしまったようなのだ。すぐさま上司はいつもの調子でネチネチと係長を詰問し始めた。そしてここに、最高の笑顔で画面が止まっている係長がひたすら怒られ続けるという、超シュールなズーム会議が発生したのである。

そして、この上司の「緩んだ会議嫌い」はメンバー皆わかっているので、みんな真面目な顔をせざるを得ない。画面はメンバー全員の真面目顔の中にただ一人、満面の笑顔の係長だ。

ここまでくると、もはや笑ってはいけないズーム会議である。笑ってはいけないと思うと余計笑いたくなる。面白すぎてぼくはついに我慢できなくなり、カメラを切ったのは言うまでもない。

それにしてもやはりこのチームは濃い。これはちょっと大変だなあ、と思った。でもまあよい。3年が賞味期限のぼくには関係ない。ぼくはせいぜい程々に仕事をするのみだ。

またこの時期、プライベートでは長男が誕生した。ぼくの毎日の生活は普通に会社に通って帰宅したら家族と過ごすという、まさに普通のサラリーマンになっていた。

復職から2年経過し、不動産選定へ

❖大阪で最も資産価値の高いマンションはどこか

そんなことよりもぼくがやることは購入する不動産を選定することだった。ぼくは来たるローンが組める資格ができる日に向け、そろそろどのマンションを買うか決めなくてはならなかった。すでに復職から約2年経過しており、ボヤボヤしてはいられない。それだけを目的に働いているのだ。

この時のぼくの考えとしては、関西圏の中心地、大阪で最も資産価値の高いマンションを買うことだった。本来なら都内の山手線内側がよいに決まっているが、住宅ローンを使う以上、基本的に場所は会社から通える範囲に限られる。すると当時の会社は関西にあったので、必然的に大阪ということになる。そこで目をつけたのが大阪駅北口の梅北2期・開発敷地内に計画されたマンションだった。

当時、東京オリンピック前の建設費高騰でマンションは空前の高値が続いていた。その中でも最高の立地である当マンションは相当な高値になることが予想されたが、オリンピックが終わればひょっとしたら不動産価格はいったん下火になるかもしれないという目算もあった。

さらにこの時、注目していたのが大阪都構想。維新による2度目の住民投票が行われ、もしこれが通れば大阪の発展は加速する可能性があった。そうすると高いと思っていた価格も後から振り返ってみれば安かったとなることも十分考えられる。このように考え、ターゲットとしては梅北2期マンション1点に絞られた。

❖投資は、数年間一切の追加投資を行わず我慢

一方でこの時期、投資のほうはどうなっていたのかと言うと、相変わらず機会損失のままだった。ぼくは2015年頃、アメリカがすわリセッション突入かという時にポジションを大量にキャッシュ化したが、相場はそのまま上に行ってしまい手も足も出せずにいた。さらにその後、父の相続も終わったため輪をかけてキャッシュ山盛りという状態だった。

しかしそんな2015年からの数年間、ぼくは頑として一切の追加投資をしなかった。全く株に興味がない人ならいざ知らず、毎日相場を見ずには寝られないほどの株中毒人間が「買いたい」という誘惑、「買わないと置いていかれる」という強い焦りに数年間も負けないでいることは、おそらく普通の人にはできない荒行と言えるだろう。ぼくのこの自制心の強さはある意味才能かもしれない。

なお、この我慢は後に大きな実を結ぶことになった。

仕事は3年間の期間消化待ち、株はチャンス待ち

❖ 会社に剰余資産運用部門がある

仕事のほうは3年間の期間消化待ち、株のほうはチャンス待ち、そんな日々が続いている中で一つだけ変化があった。

この時期会社でいわば社内広報と言うべき取り組みが始まった。社内向けに各部署の紹介をすることで異動の希望を促進し、人材開発に役立てようというものだ。この中で会社の剰余資産の運用部門があることを知った。会社が持っている巨額の現金同等物、この大金を運用するのだ。

ぼくはこれまで会社の資産はどこかの銀行や資産運用会社などで行っていると思い込んでいたが、実際は普通のプロパー社員がやっていると言うではないか。これは面白そうだ。何しろぼくは完全にキャリアを捨てて資産運用の勉強ばかりしてきたのだ。仮に業務のすべてが英語であったとしても、基本的な用語や概念などは理解している

はずだから少なくとも拒否反応なく仕事に入っていけるだろう。

ぼくは会社に相当迷惑をかけてきたし、これまで貰った給料の分だけ会社を稼がせてきたかと言うと、ちょっと自信はない。そして今の部署に今後もいたとして、この状況が変わるとも思えない。しかし、もしこの部門に異動することができたなら、これが翻る可能性がある。その額はぼくがこれまで受け取った給料の1万倍をお返しできるかもしれない。最低でも1000倍はいけるだろう。

ところで、そもそも企業は投資のあてもない資金ができた場合、基本的には配当するのが筋である。しかし業態によってはある程度内部留保を持つことが合理的な場合もある。この会社はそのケースに当てはまるので、普通から見たら多すぎると思われる剰余金を持つのは妥当だ。

しかしながら、今会社が配当もせず、投資もせず、従業員に還元もせずに溜め込んだ資金のすべてが本当にそんなに必要なのか？　という疑問は以前から常々思ってはいた。しかもこの会社の運用は大部分が短期債券だ。もともと長期で使う当てのない資金を債券に突っ込むなんて、お金を腐らす行為だ。

今時あの日本国民の大切な年金を預かるＧＰＩＦでさえ、かなりの部分を外国株などに割り当てている。このような資本政策は、これまでの数十年間にわたる先輩社員の血と汗と涙の結晶である資金への冒涜《ぼうとく》ではないか。

❖暴落は、市場参加者の慢心が引き起こす？

また、この時すでにリーマンショックから早10年が経過しており、そろそろ次の大波乱が起きてもおかしくないとぼくは思っていた。ぼくは暴落というのは市場参加者の慢心が引き起こすものだと思っている。慢心が溜まりに溜まって頂点に達した時、何かの理由をつけて大暴落に発展する。そのメカニズムを紐解くと、株価がある価格帯で暫く揉みあった後、一段水準が上がると人は最初「高いな」と思う。それで買いそびれた人は「もう一度下がったら次は買おう」などと考えるのだが、これがなかなか安くならない。そうこうしているうちにその値段に目が慣れてきてしまう。

この「目が慣れる」というのが大問題で、その時、人はその値段で恐怖心なく買ってしまう。これで慢心の一丁上がりだ。これが何度も何度もミルフィーユのように重なって、最後に空手の瓦割りのように一気に割れるのが暴落、というのがぼくのイメージだ。ちょうど南海トラフ巨大地震がプレート境界のストレスが溜まって起きるような感じだ。

それは間近に迫っているような気がしていた。そのタイミングで債券として眠っている資金を別の投資に割り当てるにはもう時間がない。1秒でも早くその部署に異動しなくてはならない。

もちろんぼくのような超がつくほど窓際で鳴らした社員にそんな大事な会社の内部留保金をいきなり運用させてくれるはずはないし、ぼくもできるとは思っていない。しかし異動後にその運用部門で既に決定権のある人から信頼を得ることができれば、話くらいは聞いてくれるだろう。

異動は運まかせだが、潜り込んだらこっちのもので信頼を得るのは簡単だ。それこそぼくが社会に出てすぐの新人の頃にやったように、1年くらい言われたことは全部引き受けて、365日終電まで働いて、節目節目に的を射た提案をしていけばよい。そしてその人を説得することができた暁には、ぼくがやりたかったことができるのだ。

ぼくは早速、異動希望を出した。

とりあえずアクションは起こしたものの、人事異動は先方とこちらの両方の都合があるものだから、まあ多く見積もっても希望どおりになる確率は1%くらいだろう。そしてよしんば異動できたとして、ぼくの意見が通る確率が1%だとすると、ぼくの野望の実現確率は1万分の1くらいかもしれない。

しかし逆に、異動さえしてしまえば100分の1で実現できるとも言える。これなら十分挑戦する価値がある。というかできそうとしか思えない。そしてぼくはなぜか昔から、できそうと思えたことはできてしまった人間だったのだ。次の暴落までそれほど多くの時間は残されていない、と感じていたぼくは一人やきもきしながら今の仕事を続けることになった。

なおこの時期プライベートでは妻が体調を崩して入院するという出来事があった。その後ぼくがやる育児の範囲が多くなり会社は時短勤務にすることにした。

第5章
2020年

二つ目の大きな分岐点となった、コロナショック

コロナショック発生

❖昭和のコント?

あの100年に一度といわれたリーマンショックから気がつけば10年以上が経過した。ぼくを置いてけぼりにしたアメリカ市場は巨大IT企業を内包したナスダックを中心に絶好調だった。

そんな最中、中国の片隅がざわめき出した。何やら過去に少し騒ぎになったSARSに似たコロナという伝染病が発生したらしい。テレビでは原発事故の際によく見た防護服を着た人が中国の街中を消毒している様子が映し出されていた。

また、飲食店では図書館の自習席のごとく板で一席毎に仕切られ、客が皆同じ方向を向いて食事をし、宅配業者は荷物を物干し竿の先に引っ掛けて、離れたところから客に届けているではないか。まるで昭和のコントみたいだ。ランチタイムに会社のカフェテリアに設置されているテレビでそれを見たぼくは、相変わらず中国人は極端なことをするなあ、としか思わなかった。

実際、ＳＡＲＳの話はいつの間にか全く聞かなくなったし、今回も大騒ぎする割には、それほど致死率が高いわけでもないらしい。ペストのように3人に一人が死ぬようなら一大事だが、そうでないならインフルエンザより少し怖い程度だ。さらに直接患者に触れなければ感染しないらしいじゃないか。外国はともかく、衛生面では世界的にも評価が高い清潔な日本にとってはそれほど恐れるものではないと思った。

しかしコロナはその後すぐにアメリカに侵入、そこで猛威を振るい始めるとアメリカでも中国と同じようなことになり始めた。感染を止めるために街自体をロックダウンすると言う。ロックダウンってなんだ？

ぼくはその時初めてその言葉を聞いた。

――あのアメリカ人が中国人と同じことをするのか？　何なんだこれは？　ＳＡＲＳと何が違うんだ？――

❖大チャンスか、それとも世界恐慌をも超える大惨事か

そんなことを思っていたまさにその時、アメリカの株式市場がガラガラと崩れ始めた。指数が毎日数%ずつ下がっていく！

――この下がり方、リーマンショックの時と同じだ！　これはただごとではないぞ！――

ぼくはこの時初めて、今尋常でないことが起きていることに気づいた。そして同じ頃、米国の雇用関係の情報が流れ始めた。それを見たぼくは思わずアッ！　と声がでるほど愕然とした。

〈参考：コロナショック当時の米失業率。米労働省労働統計局ウェブサイトより筆者作成〉

——ぶっ壊れてる！——

その時見た数値は、あの10年前のリーマンショックはもとより、その80年前の大惨事である世界恐慌をも超える、まさに今まで見たことのないほど垂直に、もはや崖とも言うべき急上昇をしていたのだ。ぼくの背筋にさっと寒いものが走った。

しかし、ぼくは同時に少しワクワクしたものも感じていた。なぜならぼくは2015年頃、アメリカが不況に陥るリスクが取りざたされた時に大量にキャッシュに変え、それをずっと保持していたからだ。

——これは10年ぶりに来た大チャンスかもしれない——

気持ちは即座にそのように変わっていった。このチャンスをつかめば、ぼくはFIREできる！

ただ、それをつかみにいく前に一つやることがある。尋常でないことが起こっているのはわかったが、未だになぜ世界がここまで大騒ぎするかぼくは完全に理解できていなかった。これを理解する前に温存していた大事なキャッシュを突っ込むわけにはいかない。もしそれをすれば最悪そのまま奈落の底まで付き合わされることになりかねないからだ。

この時すでにダウは3万から2万近辺まで下がっていたものの、もしこれが世界恐慌に匹敵するものであれば、高値からマイナス80%、そのまま6000くらいまで下がってもおかしくない。

すると、5年間もわざわざ温存していたキャッシュを一瞬で3分の1にしてしまう。そんなバカな、と思われるかもしれないが、こういう暴落相場というのは糸が切れた凧のようなものなのだ。タガが外れた相場はどこまでいくか誰にもわからない。

こんなことになっては何のために今まで5年間も耐えてきたというのだ。それだけはだめだ。ぼくは、今まさに世界をぐちゃぐちゃにしているコロナ禍の真の問題を理解すべく、情報を集め始めた。

そしてこの頃になると、日本も当然のようにコロナの餌食となり、ぼくが最初に昭和のコントのようだと内心笑っていた中国と全く同じ状況に陥っていた。

コロナは、自然災害か、人災か

❖人間は、人間が起こしたことなら必ず解決する

ぼくはコロナについて理解すべく、調べを進めていった。巷では細菌兵器の研究所から漏洩したのではないかという事故説をはじめ、様々な陰謀説などが渦巻いていたが、どれも信憑性にかけたネット掲示板レベルの情報に思えた。

まずＳＡＲＳとの大きな違いだが、コロナは発症前、もしくは無症状でも伝染するということだ。なのでＳＡＲＳのように症状が出てから隔離しても感染を食い止めることができない。しかし、これはぼくにとっては問題の本質ではない。

いろいろ見て回った結果、ぼくにはコロナウィルスはやはり自然発生したのではな

いかと思えた。しかしこれはぼくにとって不都合な内容だった。

ぼくは基本的に人間が起こしたことで株価が大暴落しているのであれば、それを受けて立つのはやぶさかではない。人間が起こしたことなら必ず人間は解決するという信念を持っているからだ。

それは過去に起きた様々な人災、リーマンショックやハイパーインフレ、前世紀最大の大惨事となった第二次世界大戦でさえ株式市場は克服し上昇を続けてきた歴史が証明している。

また、人類は有史より常に今日より明日を良くする努力を続けてきた。そして実際に人類の暮らしはずっと良くなり続けている。株式市場とはそういった人類すべての念の集合体のようなものだから、基本的な方向としては常に上なのだ。

この基本原理は17世紀に世界最初の株式会社として誕生した東インド会社から微塵も変わっていない。それは東インド会社から現在まで、世界株式市場の時価総額がどれだけ大きくなったかを見ればわかるだろう。

これはぼくが空売り（保有していない株式を売ること。対象となる株式を借りて売り建て、特定の期日までに買い戻して返却する必要があるため、主に短期投機に用いられる）から相場に入らない理由でもある。売りから入るとは嚙み砕いて言えば、全人類の今日より明日を良くしよう、とする努力が失敗するほうに賭けることに他ならない。それはこれまでの人類の歴史からすると分の悪い賭けだ。

断っておくが、勿論ぼくは空売りするトレーダーを否定しているわけではない。彼らは市場に分厚い流動性を提供するという重要な役割を担っているし、そのいつでも換金できるという流動性があるからこそ、長期投資家もスタートアップに投資したりできるはずだからだ。

これは年金やヘッジファンド、その他すべての市場プレイヤーにも通じる話で、それぞれの立場で市場に果たす役割があるのだ。ぼくが空売りから相場に入らないというのは、あくまで長期個人投資家という立場での話である。

❖コロナ禍の本質は、コロナウィルスと人類の「文明」との戦い

話は戻るが、しかし自然災害となれば話は別だ。例えばアメリカに巨大隕石が落ちたとか、イエローストーンの火山が噴火した、などということが起これば株ど

ころではない。これはもはや国ごと消滅するレベルであり、自分と家族の命を心配する場面だ。

こんな緊急事態に株のことなど考えている場合ではない。したがってもしコロナウィルスが自然災害ならば今マーケットが我を失って右往左往しているのは全く以て当然であり、決して買い場ではないことになる。

しかしながら同時にこのコロナウィルス、ぼくが最初に疑問に思ったとおりやはりそれほど致死率の高いものではない。致死率は全く医療が受けられない最悪状況でもせいぜい2〜3%で、しかも主な犠牲者は老人だ。これは仮に無策で放っておいても、ペストの時のような社会の激変を招くレベルではないことになる。

それどころか経済的観点だけから見れば生産年齢人口には影響がなく年金や医療にかかるコストが大幅に減るのだからむしろプラスと言えなくはない。


当初はそんなふうに思った。しかし、この点についてもっと掘り下げていった結果、ぼくはやっと今起きていることの深層がおぼろげに見えてきたのである。このコロナ禍の本質、それは〝半分は自然災害だが半分は人災〟なのであって、これはコロナウィルスと人類の「文明」との戦いだったのである。

❖どれだけの弱者を救済できるかは、文明の高さのバロメーター

どういうことかと言うと、例えば文明のない虫や動物の間でコロナウィルスが流行したとしても何のことはない、総数の1％がいなくなってそれで集団免疫を獲得して終わりだ。

しかし人間は違う。人間は文明を築き共同で弱者を救済する社会を作り上げてきた。どれだけの弱者を救済できるか？　それが文明の高さのバロメーターでもある。

仮に今ここで人類がコロナウィルスに苦しむ高齢者を見捨てるとすると、何のことはない、高度に見えた人類の文明なんて虫の世界と同じだったと言うことになる。そんなことを当の人類が認めるはずがない。だから人権について世界からやや疑問視されることの多い中国でさえロックダウンなどを行って人民を助けようとしているではないか。

これは全く正しい考えだとぼくは思う。そもそもこれは高齢者だけでなく、最終的には自分にも回り回って関係してくる話だ。なぜなら仮にだが、ここで老人は非生産

的だからコロナで死ぬのは仕方ない、という社会合意が人類にできたとしよう。これは後に大きな禍根を残すはずだ。一度でもこういったことをするとどんどんエスカレートしていくからだ。

将来さらに人類全体に関わる大きな試練が訪れた場合、老人はおろか、障がい者、はたまた無職や子どもが巣立った後の専業主婦は生きている価値がない、だから死んでも構わない、となり、どんどんその境界線が自分に近づいて来てしまう。

これは決してあり得ない話ではない。相場と同様、人類もタガが外れると狂気に走る可能性があるのは歴史が証明している。第二次世界大戦中のアウシュビッツでは、貨車で移送されたユダヤ人は到着するなり列車から降ろされ、その場で選別が行われた。働けるものは強制労働させられ、老人・妊婦・子ども・病人等はガス室に直行させられた。

コロナは致死率が低かったが、これがペストと同様、3人に1人が死ぬような伝染病が現代に発生した場合を想像してみてほしい。ワクチン接種の権利や順番において、人類が再びこのような狂気に走らないと断言できるだろうか？　だから過去の悲劇を再び繰り返さないためにも、何がなんでも人類はここで弱者を見捨てたという悪しき前例を残してはならないのではないか？

人間誰しも最後は弱者になる。それであれば外堀は何重に、そしてなるべく遠くのほうがよいのだ。どこまで遠くまで助けられるか？　それが文明の高さではないのか。

実際、もし今の日本がかつて言われたようなジャパン・アズ・ナンバーワンで、国民皆が結婚し子どもを持って楽しく生活できる高度な文明と経済力を持っているなら、あれほどまでに生活保護者を叩くだろうか？　叩きやしないだろう。それだけ今の日本の文明は弱者を助ける余裕を失うほど後退してしまったと言えるだろう。

❖コロナ禍の本質は、半分が人災だと考えた理由

逆に今後世界でＡＩやエネルギーに革命的進展があり大幅に文明レベルが上がればついにベーシックインカムが導入されるかもしれない。すると人類はさほど働かなくとも高齢者はおろか途上国を含む全人類、ひいては絶滅危惧種の動物まで救える可能性がある。そうなれば今話題になっている世代間の分断などはなくなるだろう。だっていくら高齢者が増えようが、若者自身も働かなくともいいのなら文句を言う者など誰もいない。

そんなの絵空事だ！　と言われるかもしれないが、実際に世界はこの20〜30年だけでもずっと良くなっている。一例だが現在は発展途上国の女子でもかなりの割合で高等教育を受けているし、貧困はどんどん減っている。小学生の時の常識のままアップデートを怠っていると未来を見誤る。

そしてこの致死率1％という数字も絶妙だ。仮にこれがペストのように30％であれば、なりふり構わず大胆な政策を取るコンセンサスが社会で受容されよう。しかし1％程度であればロックダウン等で社会を止めれば何とかなってしまう。何とかなってしまう以上やらなくてはならない。

すると大胆な政策を取るよりも結果的に解決までの時間が長くなり、経済にとっては大ダメージとなるのだ。つまり人類は自らのプライドを守るため、自分で自分を痛めつけていることになる。まるで武士の切腹だ。これがコロナ禍の本質は半分が人災だとぼくが考えた理由だ。

この考えが正しいという保証は何もない。しかし投資判断は今このチャンスしかできない。ぼくは今すぐこの問題に答えを出さなくてはならないのだ。

ぼくは見切り発車で、これらを前提に自分の中でこれからどうすべきかを考え始めることにした。

さて、どうする？

❖ダウは、6000くらいまで下がってもおかしくない

ぼくはあるカフェにいた。そう、あのリーマンショックの時にあれこれ考えたカフェである。ゲンを担ぐではないが、あの時ここで考えたことがうまくいったのを思い出して来てみたというわけだ。

しかしながら今の状況はあの時とは全く違う。今回はたっぷりとキャッシュを持っていたおかげでダメージはわずか。そしてそのキャッシュを何にでも投入できるのだ。

だから落ち着いて攻めの姿勢で考える余裕があった。

ぼくはまず今の状況を整理することにした。一つは今マーケットでは明らかに異常なことが起きている。ＶＩＸ（Volatility Index の略。別名「恐怖指数」とも言い数値が高いほど市場に恐怖が蔓延していることを示す）も40をはるかに超えているし、株価が毎日乱高下するのも底値圏で見られる現象だ。たいていの暴落では最終局面でこういう動きをする。

しかしながらこのコロナ禍は、半分は自然災害だ。自然災害ならどこまで下がってもおかしくない。今現在ダウは3万から2万まで1万程度、率にして30％以上も下がっている。しかしまだまだこれは序の口で、次の基準である世界恐慌時のマイナス80％まで下がるとなると、６０００くらいまで下がってもおかしくない。

一方で、アメリカという国はこれまでも繰り返しイノベーションで難題を乗り越えてきた国だ。最初は劣勢でも、いつもパワーの正面突破で逆転勝利してきた。第二次世界大戦では当初やられ放題だったゼロ戦に対し、防御機構の機体重量を削ることなく馬力で凌駕する戦闘機をつくって勝ち、その後の冷戦の宇宙開発では当初ソ連に遅れをとっていたが、最後は月に人類を送るという誰もついて来られない目標を宣言し、実現して勝った。

それなら今回もロックダウンやクラスターつぶしなどという逃げの対策でなく、必ずワクチンや治療薬を完成させ人の動きを止めずに正面突破でコロナに勝つのではないか？　そういうことが繰り返し起きるのはそれが可能な社会システムを持っているからであり、今回も必ず正攻法で乗り越えるのではないかと思った。

さて、どうする？　非常に難しい。

❖ポジティブリスクに非常に無防備になっていないか

ぼくは考えた。確かに今、人類はこの難題に対する解決策を持っていない。したがってこの問題の収拾も全くメドが立っていない。しかし、この株価の動きはそれもある程度織り込んでいるのではないか？

それは下がり始めてからすでに1ヶ月近くが経過しており、インターネットとスマートフォンで情報を織り込むスピードが以前よりも速くなっていることを考えると、完全ではないもののかなりの部分が織り込まれているように思えた。

株価はリスクに対して非常に大きく動く。株の世界のリスクというのは「不確実性」

のことを指す。つまりネガティブなものだけでなく例えばある日突然コロナの特効薬が出来上がるというようなポジティブなものも株の世界ではリスクと言うのだ。

であるならば、今の市場はネガティブリスクをかなりの部分で織り込んでいながら、ポジティブリスクに非常に無防備になっているのではないか？　もしそうならば、今は売りよりも買いのほうが有利ではないか？

しかし、それはぼくが勝手に思っていることであって市場はぼくのそんな思いなど全く関係ない。いつだって投資家は自分が市場よりも賢いと思っていて、そしてそれは大抵間違っているのだ。

考えれば考えるほどわからない。ぼくの頭の中は完全に思考がループしていた。しかし5年前にビビってうっかりポジションの大部分をキャッシュにして市場に置いていかれてから、待ちに待ってやっときた大チャンスが今まさに目の前に展開されているのだ。

少なくとも今が10年に一度あるかないかの異常事態であることは間違いない。ここで動かなくてどうする。しかもこれに勝てば、ぼくはＦＩＲＥできる。さらに中長期のタイミング投資はぼくが唯一得意な場面ではないか。まさに今がその強みを最大の効果をもって発揮できる時だ。

❖勝負しない理由ならいくらでもある

しかしリーマンショック時、ぼくは一時的にだが、社会人になってから築いた十数年分の資産をすべて失った。そこから復活はしたものの、今回失敗すれば今度は二十数年分を失うことになる。ぼくの年齢からして、これに失敗したらもう復活する時間はない。失敗したらもうぼくの人生は終わりだ。65歳、いや70歳まで今の会社で不得意な仕事を嫌々続けるしかない。

いや、ぼくの人生だけではない。この時上の子は教育費のかかる真っ只中、下の子はまだ保育園児だ。それに今持っている資金の一部は父が在りし日に何百日も何千日も会社で徹夜し、体を壊し、手術後に障がいを負ってまでして残した努力の結晶の遺産だ。そんな親と自分と子ども、3世代分の人生そのものを、独断でリスクにさらす権利などぼくにあるのか?

さらに、ぼくは現時点で老後を何とか過ごす程度の資金ならすでにメドが立っているのだ。なのに、なぜそんな危ない橋を渡る必要がある？

勝負しない理由ならいくらでもあった。

❖ふと思い出した、偉大な経営者の言葉

そんな葛藤でもがいていた中、ぼくはふとある偉大な経営者の言葉を思い出した。その経営者は事業の成功の秘訣を尋ねられると決まってこう答えた。

「運です」

しかし、ぼくは知っていた。この経営者の言う運とは並大抵のことではない。それこそやれることは全部やって、思いつくリスクは脳から血が出るほどすべて考えつくして、それでも残る不確実性。これはもう運を天に任せてやってみるしかないでしょう、ということなのだ。けっして運否天賦で決めているわけではない。それでも失敗してしまうのが事業なのだ。

これは投資だって同じではないか？　いくら考えても未来のことは誰もわからないが、だからといって丁半ばくちでは勝てる勝負も負けてしまう。

ぼくはこの2週間、起きている時間はほぼすべて、寝る時間も削って買うか？　売

るか？　この一点だけを考え続けた。株式というゲームのルールはシンプルだ。最終的には「買う・売る」の二択しかない。しかしその決断のために考えられることは無限にある恐ろしく奥の深いゲームなのだ。

そしてぼくはそんな中、もはやこれ以上のアイデアが出ないループ状態に陥った。ぼくは限界まで考えたと言えるだろうか？　ぼくは自問した。答えは、

「Ｙｅｓ」。

これでぼくは、すべてを賭けてこのチャンスに全資産をさらす覚悟ができた。

この時期、ぼくは妻に「何か怒ってる？」と聞かれたことがあった。相当険しい顔をしていたに違いない。

人生で2回目の重大な分岐点

❖目先の底値を予想し、資産の8割を投下

ぼくは目先の底値をダウ1万8000レベルと予想し、そこをターゲットにして全資産の8割を投下することにした。

残りの2割はぼくの考えが外れ、さらにダウが1万に向かって下がり続け、最終的に6000レベルまで下がる場合に備えて、ダウが1000下がるごとに買い下がりするための資金として残すことにした。

もし6000まで下がる前に底を打った場合はフルポジションを取れないことになるが、その場合でも8割は投資できるので、ギリギリ許容範囲だ。金利は雀の涙なのでなるべく現金は持ちたくなかった。ぼくはこう決断し、今後2週間以内に計画的に買っていくことにした。

２０２０年３月、ぼくは買い進撃を開始した。記録によると手始めに２０２０年３月12日に米国Ｓ＆Ｐ５００インデックスＥＴＦを３００万円ほど購入している。この買いクリックが資産投下の狼煙となった。まさにこの買い注文クリックこそ、ぼくの人生で２回目の重大な分岐点だったといえる。１回目は前に述べたリーマンショックの真っ最中に失意の中で買ったクリックだ。

その後、ぼくは毎日のように長期ポジションとして大量のＳ＆Ｐ５００ＥＴＦを買っていった。１回の買いロットも当初から2倍3倍と大幅に増加し、しかもその規模で１日に複数回買うことさえあった。そして短期枠として旬の銘柄であるズーム（ＺＭ。テレワーク関連）等を買い込んだ。

数ヶ月後。

結果、ダウは1万８０００を底に急激に回復した。その速度は当初ぼくが思っていたより何倍も速かった。いち早く数倍に膨れたズーム等は早々に売り払い、その代金はＮＡＳＤＡＱ１００ＥＴＦに全額入れた。個別株に少し遅れてＮＡＳＤＡＱ１００

ＥＴＦが急激に回復すると、またそれを全部売り払ってマイルドなＳ＆Ｐ５００ＥＴＦへ入れ替え、短期分の回転は終わりにした。
今回、相場が回復した直接の要因はリーマンショック時と同様、ＦＲＢが強烈な金融緩和を行ったからだ。そしてそのＦＲＢのサポートがあるうちに、少しずつではあるが治療薬やワクチンについての情報も出てくるようになっていた。

ぼくは勝ったのだ。

ただ、金融緩和が強烈すぎたのか、それが２年後に世界的な高インフレという別の問題を引き起こすとは当時は予想もしていなかった。しかし、あの時の失業率の上昇をはじめ、数々の経済指標は完全に非常事態を示しており、その危機対応としてはＦＲＢの行動は正しかったとぼくは思う。

❖株式投資のリスクで最も恐れるものは「持たないリスク」

ところで、ぼくは後日ある検証をした。その検証結果をここに記しておきたい。

ぼくは前にも述べたが中期のタイミング投資は割と得意だ。振り返ってみればぼくの投資人生で巨大な上げ相場の開始点は三度あったと思う。一度目はリーマンショック後の上げ相場。二度目は２０１６年頃からの巨大ＩＴ企業を中心とする上げ相場。三度目はコロナショックだ。

ぼくはこの3回のチャンスのうち2回は成功、1回は失敗した。リーマンショックとコロナショックではほぼ底値をつかむことに成功。２０１６年頃からの上げ相場は取り損ねた。

つまりタイミングに合わせてキャッシュポジションを増減させていたのだが、ここですべてのタイミングをＳ＆Ｐ５００ＥＴＦでフルポジション、つまり持ちっぱなしだった場合と今との資産比較をしてみた。もちろん持ちっぱなしなのでリーマンショックもコロナショックも全被弾した場合との比較である。

その結果は驚くべきものだった。今の資産とたった0・8％しか違わないのだ！これだけうまく立ち回ってもこの僅差。今の資産から0・8％減で構わないなら、ぼくは余計なことを考えず投資以外の何かに時間を使えたのだ。

ぼくが本書で最もお伝えしたいのはこれだ。

株式投資のリスクで最も恐れるものは持たないリスク、つまり「機会損失リスク」なのだ。

機会損失リスクに比べれば値下がりリスクなど取るに足らない。ぼくはこのどの株の本にも必ず書いてある一点を腹落ちするまで理解するために、これだけの犠牲を払ってしまった。

読者の方はこのようなミスはしないでほしい。強い意志をもってホールドすれば大丈夫だ。

そして投資や老後について考えるのは程々にして、その大部分の時間は仕事や子どもと遊ぶ時間など別の有意義なことに使うべきだ。

結局、ぼくが長期の投資体験で得たものは暴落時でもホールドできる「器」だけだったわけだ。なら、その体験をシェアすることで、読者の方へその器を配りたい。まるまる20年を無駄にするのはぼくだけで十分だ。

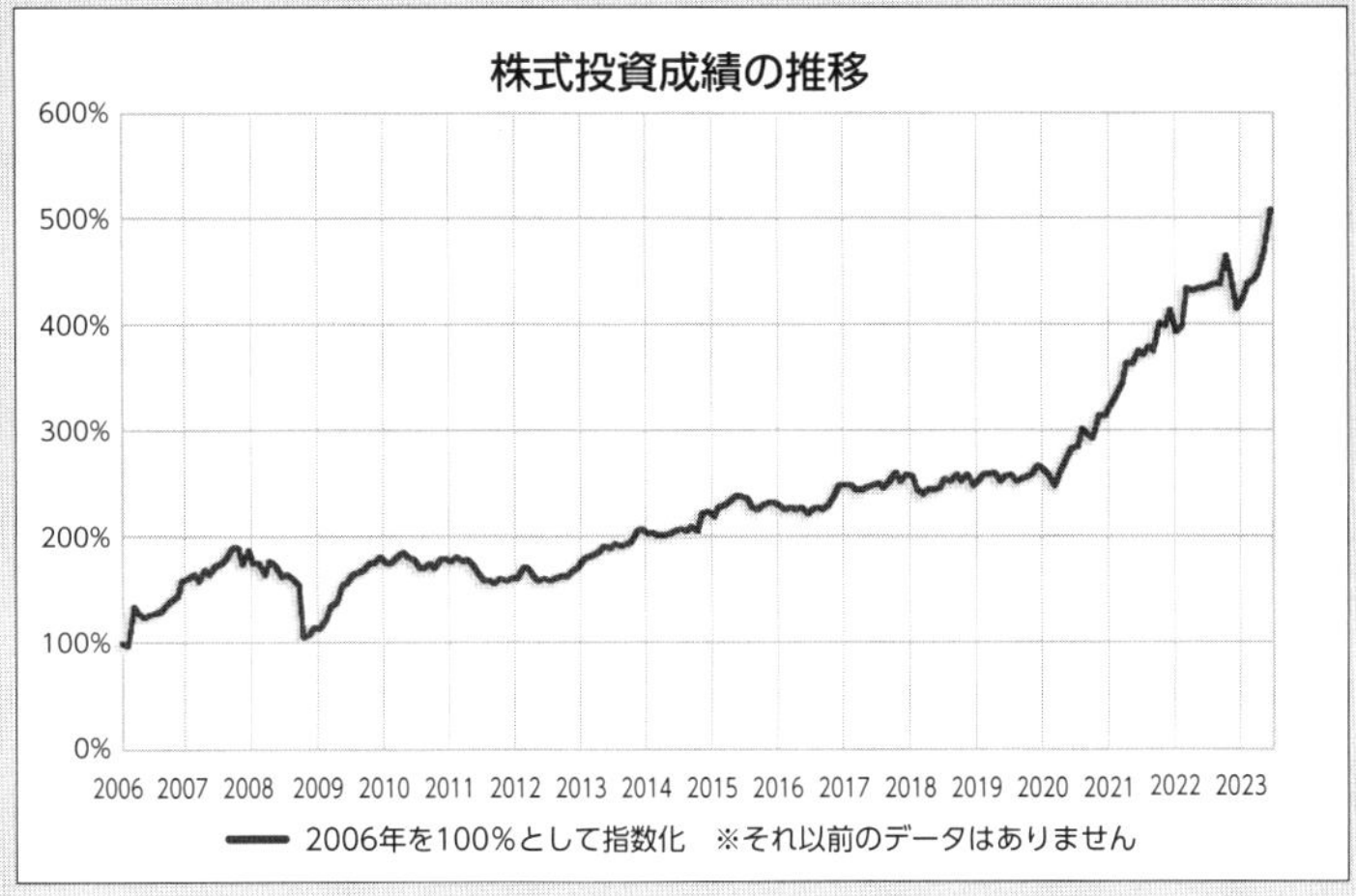

第6章

2021～2022年

退職
-Fuck You Money-

マンション契約を済ませ、いつでも退職できる状態に

❖投資収益だけで1億円突破

その後、社会は少しずつ平静を取り戻していった。店舗の営業時間が短くなったり外出にはマスクが必須になったり、旅行ができなくなったりと、いろいろと不自由な面はあったが、このコロナ禍で良いこともあった。

日本で長らくタブーとされていた領域、例えばリモートでの医療診察や、ハンコやファックスといった旧時代的なものへの廃止を求める改革が次々と具体的に動き始めたことなどである。おそらくコロナがなければ10年以上かかったであろうこれらのことが一気に1年間で具体的なものとなっていったのだ。

その他にも手を添えてお釣りを渡すような過剰なサービスや無駄な出張など、非効率で本当に意味あるの？　とみんなが口にはしないがなんとなく思っていたことは、ことごとく消えていった。いわば今後10年間分の社会変化がコロナにより早送りされ

たと言ってもよいだろう。

相場も順調に回復しており、ぼくの資産も静かに1億円を超えていった。とは言っても実は相続分を合計した額では1億円自体はかなり前に超えていたのだが、ぼくとしては相続を計算に入れたくなかった。それがこの時期、ついに自分の投資収益だけで1億円を超えたのだ。

何はともあれ、ぼくはついにFuck You Money（仕事で上司や顧客にイラついたらいつでも〝Fuck You〟と言って退職できるお金）を手に入れたのだ！

❖人は立てた目標の10分の1くらいしか達成できない

しかしながら、ぼくは全然満足していなかった。

実はぼくは密かに2億円を一つの目標としていたのだ。なぜ2億円なのかと言うと先にも触れたがぼくの会社はソコソコ高給だったので、貯金だけでも独身で社内出世レースに勝ち残れば、定年までにひょっとすると1億円は貯まるかもしれない。子持ちでも社内結婚のパワーカップルで二馬力なら可能性はある。

しかしながらぼくはすべてを捨てて投資に打ち込んだのである。その結果が働くのと同じだったら意味がない。だからぼくは最低でもその2倍、2億円は作らないと納得できなかったのである。しかもそれを定年までの半分以下の時間の15年、つまり普通に働くより4倍の効率でやり遂げるのを密かな目標にしていた。

こうすれば普通のサラリーマンの勤続年数である35年間あれば、あわよくば最終的に10億円に達するというスケベ心もあった。それに、そもそもぼくは4人まとめて面倒をみるFIREをするつもりなので、1億円では全然足りないというのもある。

余談ではあるが、人は立てた目標の10分の1くらいしか達成できないと仮定するなら、目標を10倍にすればよいとぼくは考えている。これの良い点は、こうすると考え方のフレームが変わることだ。

これが最初から1億円を目標にしたらどうか。やれ会社内で出世してできれば役員に…などというしょぼくれたことを考えるかもしれない。その結果、大抵の人は課長止まりで終わり資産は定年間際にやっとこさ5000万円というのが関の山だろう。それが10億円だとそもそも最初からそんなことは考えない（笑）。そんなことをしていたら目標達成なんかできっこないからである。

❖20年かけてまいた種が、一気に開花

話を戻そう。

とにかくぼくはまだ目標を達成していないのだから、直ちに退職に走ることはせず、暫く様子を見ることにした。確かに今すぐ会社を飛び出すことは可能だ。しかしそれは復職当初の目的だった住宅ローン利用権を捨てることにもなる。それも今やっと手に入れたところだというのに、それを粗末にするようなことをすれば人間ツキが落ちるというものだ。

それに世の中の大部分の人はサラリーマンという雇われ人だ。その社会の大多数からの目線を持つことは、世間の常識とのズレを防ぎ、ひいては投資の成績向上にも役に立つ。これを怠ったために足元を掬《すく》われた起業家や投資家も多い。自分の増長を防いでツキを落とさないためにはサラリーマン目線を持つことも大事だ。だからぼくはすぐさま退職という選択をしなかった。

ところが、である。

そのちょっと無茶気味に設定した2億円という高い目標はその後たったの数ヶ月で達成となったのだ！　株価の上昇はさらに加速し、また居住中の自宅マンションも値上がりしたため、含み益ではあるものの総投資収益はあっという間に2億円を超えていった。ぼくがこれまで20年かけてまいた種が、すべて一気に開花したのだ。

これでぼくは名実ともにFuck you moneyを手に入れた。

――やったぞ！　これで今度こそ本当にいつでもFIREできるようになったんだ！――

ぼくは心の中で叫んだ。

❖駅・商業施設直結のマンションを契約

ところで先ほども触れた、そもそも復職当初の計画である「3年して住宅ローン利用資格ができたらそれを行使していつでも退職できるようにする」だが、これはその後少し内容が変わってきていた。

以前の思惑では大阪駅北口の新築マンションを狙っていたが、維新による大阪都構想が住民投票で否決されてしまったので、これはやめることにした。当マンションが相変わらず一等地であることは間違いないが、伸びしろというか将来性の面で少しだけ魅力が薄れてしまったからだ。

ただ本書を執筆している2023年10月現在、いまだに当マンションの一般向け分譲価格は発表されていないが、今となっては恐らく手が出せないほどの高価格であることが予想されるため、どちらにしても買えなかったかもしれない。

ということで、その代わりを探すことになり、すったもんだの結果、ぼくはある都市の駅・商業施設直結のマンションを契約することにした。ぼくは目一杯帆を上げて前進した。

暫くしてマンションの契約日が来た。相変わらず契約にはハンコが必要だという。まあまだ過渡期だから仕方がない。ぼくはその日、実印を握りしめて契約場所へと向かった。ぼくは契約専用の部屋に通され、迷いなくハンコを突いた。その瞬間、ぼくの退職は決定したと言えるだろう。

別に引っ越しイコール退職ではないが、転居後も働き続けるとは当時思えなかったのでたぶん退職となるだろうな、ということだ。

「やっと終わった、すべて終わった。長かった」

そんな思いで胸が熱くなった。一つだけ心残りといえば会社の運用部門への異動だろう。

ぼくの異動は結局叶わなかった。そしてこの時期、コーエーテクモホールディングス（３６３５）が株式等の運用で巨額の利益を上げていたことを知った。コーエーテクモはゲーム企画開発というデットファイナンス（借り入れによる資金調達）に頼りにくい事業を行っている会社だ。したがって厚めに資金をプールするべき正当な理由があると思う。

そしてすぐにキャッシュアウトする心配のない資金を長期運用して利益を得るのはウォーレン・バフェットが数十年前から実行している実証済みの手法だ。コーエーテクモの運用の責任者は言わずもがな襟川恵子会長だが、極めて合理的で見事だったと思う。そしてあのコロナショックの大嵐の中、ぼくと同時期に、しかもぼくよりもはるかに大きなプレッシャーを負いながら戦って、そして完勝した人がいたことを知ったぼくは、尊敬するとともに爽快な気持ちになった。

ぼくがこれをできなかったのは残念だが仕方ない。これについてはぼくも同様の結果を残せていた未来は確かにあったのだ、という事実だけで十分だ。

そしてもうコロナショックは過ぎてしまった。もうしばらくあんなチャンスはないだろう。それにぼくは会社のお金でなく、もっとリスクの高い自分のお金を市場にさらして勝ったのだ。「これ以上の満足あんのかよ」そんな思いでいっぱいだった。

消化試合のような日々

❖資産は、3億円を突破

季節は過ぎ去り冬は終わり、そしてまた春が訪れた。ぼくは契約したマンションの引き渡しまでの1年余、ただ息をひそめ大人しくやり過ごす消化試合のような日々を送っていた。

投資のほうは相変わらず好調だった。ぼくの資産の増加はもはやとどまるところを知らず、含み益ではあるものの、ついに3億円を超えていた。全国的に不動産価格の上昇が続き、居住中のマンションはもちろんのこと、契約したマンションまで販売期を重ねる毎に値上げされたのもある。まだ引き渡しも終わっていないのにすでに見込みで数千万単位での含み益は確実となっていた。

東京オリンピック後には不動産価格は一服するのではないか、という数年前のぼくの予想は外れたが、それが逆にぼくにとっては利益となっていた。

ぼくは株の一部を利益確定した。実を言うと元々マンション契約時に、このまま引き渡しまでにさらに株が上がれば一部利確して現金で決済してもいいかな、と思っていたのもある。もうあまりリスクを取りたくなかったからである。現金決済ならマンションはぼくが住むまで賃貸にしたり、売却してキャピタルゲインを得ることもできる。

コロナショック時に残していた現金と合わせ、現金決済が可能なキャッシュを確保したことで様々な選択が可能になり、今後何が起きてもぼくの計画は全方位で盤石になった。

❖居心地の良い、会社のチーム

それにしても、毎年暖かくなると、あのバックれた日の記憶が甦る。あの時は本当につらかった。あの時、今のような安堵の日々が来ることなど想像できただろうか。

それに今の会社のチームはぼくにとって割と居心地は良かった。仕事内容は退屈だったけれどこのチームは問題社員の集まりらしく、よくチーム内で喧嘩が起きた。悪趣味かも知れないが「火事と喧嘩は江戸の華」ではないが、何気ない日常業務の中でたまにそういうことが起きるとちょっとピリッとしたアクセントにはなるものだ。

また〝察してちゃん〟上司vsチーム全員、という明確な敵対関係が出来上がっており、上司がいないときのズーム会議では何か妙な連帯感のようなものがあった。そしてこれがまたぼくにとって居心地が良かった。そう、カンタンに言えばぼくと同様みんなこの上司が嫌いなのだ。

ならば、とりあえず引き渡しまでゆっくりここにいて、辞めるかどうかはまたその時点で考えればいいか、そう思い始めていた。

憂鬱な上司との面談、人事評価

❖上司との面談は、「自白の強要」

季節は秋になった。契約したマンションの引き渡しまで残すところわずか半年弱だ。会社では毎年、この時期に人事評価が始まる。上司と面談を行い、この評価で冬のボーナスが決まるわけだ。面談の主目的は今期実績の共有だが、ぼくらが現場で困っていることや課題と感じている点などを上司に伝え、どのように解決していけばよいか建設的に話し合う場という目的もある。

しかし今の上司になってからというもの、この面談はぼくにとって憂鬱な時間だった。なぜならこの上司との面談は毎回、あたかもドラマの刑事が容疑者を取り調べる時の「自白の強要」のようになるからだ。この上司はぼくらの話を最後まで聞くことはなく、

「それは君の愚痴だよね」

「もっとできるはず」

「それを私に言ってどうするの？」

の繰り返しで全く相談にならない。

そして例によって話し込むほど面倒なことになるので最後は仕方なく部下が折れて、〝私が悪うございました〟、と「自白」するまで釈放されないのだ。彼にしてみればこれで「部下には話して納得いただいた」らしいのでたまらない。

そんな憂鬱な面談の日、ぼくはそれがわかっているので今回は実績をひととおり伝えるのみにとどめた。この上司に何を言っても無駄だからだ。すると上司は少し不満そうな顔をして言った。

「それだけ？　もっとアピールないの？」

ぼくは、そら来た、と思った。この後の展開はわかっている。追加で何を言ってもすべて「それはやって当然だよね」の一点張りでゼロ評価だ。そして結局、今期は当然のことしかしてませんでした、と部下が認める（というか、自白の強要）まで終わらないのだ。

❖ぼくらはまるでムチだけ入れられる馬？

なぜそんなことがわかるのかと言うと、それは過去2回の面談から容易に予想できたからだ。この2年でチーム内から二人異動したのだが、ぼくはこの二人の業務をかなり引き継いでいた。

前にも触れたがぼくは妻が入院してから育児で時短勤務をしている。つまり当初の業務量からすると3人分を時短で対応していることになるのだが、それを面談で伝えても過去2回とも「やって当然」発言でゼロ評価だったのだ。

もちろん給料は時短のため通常の3割引のまま。なんですか？　異動した二人の給料はゼロだったんですか？　それなら仕方ないが、そんなはずはないでしょう。

ぼくはFuck You Moneyを手にしているからいいものの、今後もここで働くつもりだったらやってられないだろう。さらに今期、ぼくは部内の新規ミッションのリーダーも担当しており、なおいっそう業務は増えていた。

この仕事は単純な類ではないので、ぼくは業務時間内には割と時間の読めるコンパクトな仕事を中心にやり、その他のじっくり思考が必要な仕事は入浴中や就寝前などのわずかな時間にやるという、完全にサービス残業状況だった。

とにかく、そんな経緯があるので来年どれだけ努力してもまた次の面談で同じことを言ってくるのは明白だった。

まさにやり損。この上司は部下のことを打ち出の小槌だとでも思っているのだろうか。なお、この上司の辛口評価は部長クラスの間でも有名で、ぼくらはまるでニンジンもないのにムチだけ入れられる馬のようだった。

つまり、この上司相手に真面目に面談に臨むのは徒労となる。だからこんな茶番のような時間は早く終わってほしいのだ。

そこで、ぼくは心中察知されないようにポーカーフェイスで繰り返した。

「はい、今期の業務実績は全部先程まとめてお伝えしたとおりです」

「現在業務量が非常に多く、今はこの業務量を安定的にこなせるよう効率化すること のほうが、優先度が高いと考えています」

するど、上司の目つきが少し変わった。

――お？　なんか俺の回答にご不満？――

とにかく、少し空気が変わったのは確かだ。そして一息置いて上司は言った。

「私はまだまだできるはずという認識だ。残業すればいいじゃない。いったん退社して育児が終わった後、自分の自由な時間でテレワークできない？」

「キミに仕事を振ってあげてるのは私に評価してもらえるチャンスを与えてあげてるんだよ。何でもっともっと自分からチャンスを欲しがってモノにしたいと思わないの？」

だと…。何言ってるんだこの人？　育児に自分の自由時間なんてあるわけないだろ！　それにお前、最初から評価する気なんかないだろう。

まったく毎回毎回何なんだこの謎の上から目線は…？　呆れたぼくは適当に流して面談を終わらせ、会議室を出た。俺はお前とは話したくないんだよ！　ああ、めんどくさい。

面談後、10分で退職を決意

❖10分経っても止まらないモヤモヤ

ぼくは最低な気分で、去年と同様モヤモヤしながら自席に戻った。

ここで去年までのぼくなら暫くモヤモヤしながらも我慢して仕方なく仕事を再開しただろう。しかし今年は違った、今回は10分経ってもモヤモヤが止まらないのだ。

そりゃそうだ。今のぼくはFuck You Moneyを手にしている上、既に脱出レバーにも手を掛けている状態なのだ。

PHOTO BY : Staff Sgt. Bennie J. Davis III

こんな人間にこんなことを言ってはいけません。通りません。
ぼくのいらつきはヒートアップしてきた。

だいいち育児で時短しているのに残業しろとは、実質的に時短するなと言っているのと同じではないか？　これまでもこの上司、時短時間外に定例会議を作って議長にぼくをアサインする等、さまざまな嫌がらせをしてきたし、いいんですか？　今の時代にそんなことやって？

その前にそもそもこの上司、同じサラリーマンなのに「仕事を振ってあげてる」とは何たる言い草だ。自営業じゃないんだから俺はお前から売り上げを貰ってるわけじゃない。なのに何でそんなこと言われなくてはならないのだ。

さらに上司と部下とは言っても一歩引けば俺とお前は同じ会社の「使用人」、つまり奴隷じゃないか。違うのは足に繋がれている鎖の色や太さだけだ。役員ならともかく課長レベルでマウントとろうなんて、俺の鎖のほうが高級だ、と自慢しているようなものだ。

❖上司に三つ目のアウトをつけ、「スリーアウト」

それにいくら問題社員チームとはいえ、お前はこのチームの管理職だろう。上司にとっての部下は目標を共に達成してくれる協力者、部下はこの上司を助けるために力になりたい、と思い思われる形が理想じゃないのか？　もし微塵でもそんな理想が頭にあるのなら、あんな犬に餌を投げるような言い方はできない筈だ。部下からすればまるで「ほれ！　仕事振ってやる、食え」と言われているようだ。失礼過ぎる。

挙げ句の果てに「私に評価してもらえるチャンスを与えてあげている」はないだろう。これではまるで女子大生とのデート時の「奢らせてあげる」構文そのものではないか！これには心底驚いた。

二十歳の女子大生が言うなら可愛いセリフだが、同じことをいい年したオッサンが言うのは痛すぎる。というか、そもそもお前に認められたからって何かいいことあるのか？　俺が今年稼いだ億以上の年俸くれんの？　お前、全然そんな権限持ってない小物だろうがクソが。誰に向かって物を言っているのだ。

極めつけは何が「なんでもっともっと自分からチャンスを欲しがってモノにしたいと思わないの？」だ。それがチャンス？　小っちゃ。薄っす。もはや呆れて何も言えない。

ぼくはこのクソ上司に内心三つ目のアウトをつけた。前にも触れたが、一つ目はメンバーが起こした機密漏洩の件、二つ目はメンバーの病気入院の件だ。これでスリーアウトである。ぼくはこの事態に答えを出さなくてはならない。

答えはもちろん、

Fuck You…!

ＦＩＲＥ生活で最も価値があるのは一緒に働いて気分の悪くなる相手から距離を置くことが可能になることだ。これはサラリーマン生活では絶対に実現できないことだ。ぼくが今最も関わりたくない人間、それはクソ上司、お前だ。いまこそＦＩＲＥへの扉を開く時だ。

ぼくはこの面談後、10分で退職を決意した。

退職Xデーを約3ヶ月後に設定

❖あれ？ 俺パンツで歩いてる?!

退職を決意した瞬間からぼくの心境は少し変化していた。なんで俺、こんな上司に命令されてんの？ と急にこの上司の部下でいることが「恥ずかしく」なってきた。変な例えだが、まるでズボンを履かないで繁華街を歩いているのに突然気がついたような感覚だった。

あれ？ 俺パンツで歩いてる?! ここまで電車乗って来ちゃったよ、どうすんだよ！ 穴があったら入りたいほど恥ずかしい、1秒でも早くズボン履きたい、どこかに服屋ないんか!! そんな感じだ。

ぼくはすぐさま大幅に予定変更した。昨日まではマンションの引き渡し後、ゆっくり退職するかどうするか考えればいいか、と思っていたが、もうこんなところには1

秒たりともいたくない。ぼくは即座に可能な限り予定を前倒しにし、退職Xデーを約3ヶ月後に設定した。以降、ぼくはひたすらその日まで、突然変な仕事が降ってこないか薄氷を履《ふ》むような日々を過ごした。

ところで、3ヶ月というと営業日で60日程度だ。読者の方は残り60日と決まったら、もはや勝利へのカウントダウンで気楽な日々だろうと思うかもしれない。確かに平穏な日々であればそうかもしれないが、ぼくの場合は少し違った。

毎日あの上司の一挙手一投足がイラついて仕方がないのだ。そのためぼくの場合は退職までの日が半分になると1日が2倍つらくなった。なので、ぼくにとっての60日は相当に長く感じた。

FIRE直前の日々がそんなふうなんて全く思っていなかった。FIRE先人たちのブログや短文SNSにもそんなこと書いてなかったぞ？　頼むよ本当、書いといておくれよ、そんな弱音を吐きながら、ぼくはひたすらXデーまでの日々を堪え忍んだ。

そしてついに、その日はやってきた。

コラム

ツキのマネジメント

本章で私はツキが逃げるので、すぐに会社を退職しなかった、と述べました。しかしそもそもツキとは何なのでしょうか？　私は、これは周囲から協力を得られる量だと思っています。

◇「どうしたら周囲の気分が良くなるか」だけを考えて行動する

このツキについて、私の考えを述べたいと思います。まず、ツキというものは掴みどころのないものですが非常に重要なもので、現実的な話、ツイてる人には何をしても勝ったためしがありません。

そんな大事なツキですが、私は次のようにコントロールしています。そもそもコントロールできるものではないかもしれませんが、これから述べるような心持ちでいれば、周りの人を不快にさせることがなくなるため、周囲の協力を得る機会が増え、結果的にツキが向いてきたり、長続きしたりするのではないかと思っています。

では、具体的に述べていくと、まず、大体においてツキが本格的に落ちてくる前には思わず舌打ちしたくなるような些細な不都合が起き始めます。急いでいる時に限って電車に乗り遅れてしまったとか、買い物をして帰って来てからおつりが足りないのに気づいた、などです。

せっかくこのようなツキの下落サインが出ているのに、それを見過ごして大きな判断や賭けに出たりすると、大抵はろくなことにはなりません。ツキが最悪な時に作ったトラブルは回復に数ヶ月かかったり、最悪では修復不能になります。

こういったことを避けるため、ツキが落ちてきたな、と感じてきた時は新しいことは絶対に始めず、やり慣れた簡単な作業をひたすらこなすようにしています。それは英単語を覚えるとかジムで筋トレする等、とにかくやれば必ず進むようなことです。あるプロ野球選手はスランプ時にひたすら基礎練習をしたそうですが、まさにそのような感じです。

逆にツイてる時は新しいことを始めるには絶好のタイミングですのでどんどん新しいチャレンジをしたり、新しい人に会いに行きます。ただ、ツキまくっている時も注意が必要で、ここであまり調子に乗ると、一瞬でツキが落ちてしまうのです。

ツキを長持ちさせるには、ツイてる時ほど「どうしたら周囲の気分が良くなるか」だけを考えて行動するとよいでしょう。こうすることで、もしツキが落ちてきても周囲の助けを得やすくなり、結果として大したスランプに陥らず、またいい波に復帰しやすいのです。

このような心持ちを怠ったばかりに、才能にあふれた人が身を滅ぼしてしまった残念な事例も見られます。勢いに乗った若い起業家など、ツイてる時に言ったことが災いとなって、落ち目になった時に大変な苦労を強いられてしまったようなケースです。

マスコミは持ち上げれば持ち上げるほど、叩く時も激しいものですから、これは本人にとってはかなりつらいのではないでしょうか。世間は水に落ちた犬を打つのが大好きなのです。

◇自制心のマヒに注意

ＦＩＲＥについても同じようなものでしょう。ＦＩＲＥの良いところは自分の人生を自分で選択できる点ですが、世の中の大部分の人は、様々なしがらみの中、それができないでいます。それが普通なのです。

そんな世の中で、好き勝手している様子をこれ見よがしにあえて周囲に拡散するような行動は控えたほうが無難でしょう。

ただでさえ、ＦＩＲＥは誰もブレーキになってくれないのです。サラリーマンなら、こんなことを言ったり発信したりしたら会社に迷惑がかかり結果的に仕事を失ってしまうかもしれない、という思いがブレーキになるかもしれませんが、ＦＩＲＥにはそれがありません。

そんな環境で、次々と派手なことをやっていれば、だんだん自制心がマヒしていき、やって良いことと悪いことの判断があいまいになりかねません。その結果うっかりハメを外しすぎて法に触れ、お縄になるかもしれません。

生まれた時から働いたことがないような恵まれた人が、ちょっとしたことでひどく腹を立て、暴行で逮捕されてしまうような事件をたまにニュースで見ますが、こんなことなら「世の中は自分の思いどおりにならないことばかりだ」という半ば諦めの心を持ちながらサラリーマンをしていたほうがよっぽどマシではないでしょうか。

なお、重大な投資判断や買い物はツイてもツイてなくもない、普通の時にするのがちょうど良い緊張感でできてよいと思います。ただ、株は自分のツキとは無関係に判断が必要なチャンスが来たりするのがつらいところです。

以上、私の経験からの話でしたが、私はこれで大きなケガや病気をしていないので多分うまくいっているのではないかと思っています。

もちろん、ここで述べたような方法でなくても、常にどうしたら周囲の人の気分が良くなるだろうか？　という心持ちでいれば結果は同じでしょう。

そもそも人は一人では生きられない存在ですからツキの管理という一点のみでなく、他のことに関しても常にその心持ちでいれば万事ＯＫなのかもしれません。逆に口をひらけば社会への不平不満、人の悪口、噂話をするような人からは、人は離れていくものです。このような言動は特に慎んだほうがよいといえるのではないでしょうか。

エピローグ

ぼくはなぜ、FIREしたかったのか

退職を申し出たその日、会議の後は忙しかった。

退職を宣言したことでそれまでできなかった人事部への事務手続きができるようになったし、残るメンバーへの引き継ぎの準備もスタートしたので、ただひたすらメールやグループチャットで関係各所に連絡を取っていた気がする。気がついたらあっという間に定時となり、ぼくはちょっとした疲労感を感じながらパソコンを閉じて退社した。

日は落ちて暗くなっていた。ここのところテレワークばかりだったが今日は久しぶりの出社日で保育園の送り迎えも妻に代わってもらった。今日くらいはゆっくりしても罰は当たらないだろう、なんせ今日は20年以上働いた会社を退職することを宣言した、ぼくにとっては特別な記念日なのだ。

ぼくは久しぶりにお気に入りの居酒屋に入った。この居酒屋は百貨店の高層階にあり、見事なアーバンビューの夜景が見られる。結婚前はよく来ていたものだ。

ぼくはその店のカウンターに一人座り、ビールと料理を注文した。ほどなくして先に運ばれてきたビールの泡を見つめながら、今日初めての開放感を感じた。しばらくその感覚にひたりつつ、怒涛の1日を振り返った。

❖幼少期の思い出

いろいろあったがついに一区切りがついた。

しかし、よくよく考えたらぼくは一体何がしたかったのだろう。ほぼ20年間にわたって会社や同僚と意識して距離をとり、けっして環境に溶け込もうとはしなかった。その結果FIREはできたものの、幸福度としては普通に働いてきた同僚のほうが大きかったのではないか。なんで俺はこんな道を選んじまったのか。

思えば、こんな根本的なことを20年間一度も考えたことがなかった。

FIREを目指している最中はひたすらそれを実現することだけ考えていたが、今日それが実現したことで最優先の考え事がなくなり、こう思ったのかもしれない。

ぼくはビールの泡を少し吸った。少しだけ入ってきたアルコールのせいか少し頭がフワッとして、転職した一番最初のあの日、あの電車の中で感じた古い記憶が蘇ってきた。あの時の強烈な「違和感」、あれは結局何だったのか。

ここでふと、ぼくの頭に幼少期の思い出がよぎった。ぼくは物心ついた頃から他人や社会を全く信用しない子どもだった。ぼくが思うに、それは母親の影響だったのかもしれない。

ぼくの母はとにかく子どもとの約束を破った。いや、むしろ約束をわざと反故にし、それで泣きながら怒ってくる子どもを力でねじ伏せることで優越感を楽しんでいるように見えた。もちろん誰でも一つや二つ似たような経験はあるだろう。が、ぼくの母の場合はちょっと度が過ぎていて、ぼくと姉は毎日毎日そういう目に遭っていた。今でいう毒親と言うやつかもしれない。

そうは言っても直接的な暴力や、食事をくれなかったわけでもないので、よくある話かもしれないが、それにしてもなぜ、母がそんな誰も得しないことをしたかはわからない。心当たりと言えば、母は自分は子どもの頃酷い目にあった、自分ほど可哀そうな子どもはいなかった、と繰り返しぼくと姉に愚痴っていた。ぼくらは耳にタコができるほどそれを聞かされたものだが、もしかすると負の連鎖というやつかもしれない。まあ単に子育てのストレスかもしれないし更年期のせいかも知れないし、本当のところはわからないが、結果としてぼくは報酬を先払いしてもらうまで絶対に母の言うことを聞かなくなった。

「どうせまた約束破るんでしょ？　だったら先にご褒美くれなきゃやんないよ」という感じだ。

❖強烈な違和感の正体

こうしてぼくは人や社会というものを全く信用しないようになり、特にギブ・アンド・テイクのギブから入ることが極端に苦手になった。ぼくがリーダーシップやカリスマ性に劣るルーツかもしれない。

そんなの母親のせいでなく、お前の生まれ持った性格だろう、と言われるかもしれないが姉はそれで精神をやられたし、ぼくは幼稚園の風景とセットで母のことを「こいつは信用できない奴」と思っていたことをはっきりと覚えている。ほとんど何も人生経験を積んでいない段階でそんなことを思うようになるのは、多少は影響があったのではないだろうか。

しかしながらぼくも成長していく中で、そんな母の負の連鎖に付き合うのはばかばかしいと思うようになり、人に先にギブできるように意識して努力するようになった。

それでも染み付いた習性というのはなかなか変え難く、転職した時でもまだ心の奥底でそういう習性は残っていたと思う。

ここであの時の強烈な違和感について、はっと何かが繋がってきた。

前の会社は確かに普通に仕事をしているだけでも一発逆転のワンチャンスは残されていた。だがそれは絵に描いた餅であり、実際はほぼ実現しない。だからそういう可能性はなくても普段の給料の良いこの会社のほうが良いと思って転職したのだった。しかし逆転の可能性がゼロになったことで、そこで初めてそのワンチャンスは自分が仕事をする上でかなり重要であったことに気がついた。

例えば戦争には行きたくないが、それでも行けと言われた時、九死一生はよくても10死0生はダメだ。10死0生とは行けば必ず死ぬことであり、つまり特攻である。これは戦うにしても意味合いが違いすぎる。ワンチャンスがない仕事はぼくにとっては特攻に行くのと同じだった。

でも、周りで働いている同僚は誰一人そんなことを疑問に感じていない様子だったし、ぼくの親しい人もぼくの転職先の会社名を聞けばベタ褒めするだけだった。

――この社会は何かおかしい、信用できない。――

そこにぼくは何か強烈な違和感があったのだ。

そんな思い出が線香花火のようにチリチリと脳内を照らした次の瞬間、ピシッと頭に何かの閃光が走った。

――アッ！　あの転職した一番最初の違和感、あれの正体はこれか！――

ぼくが感じた違和感。あれは、ぼくはこの社会の、顔の見えない上級国民が作った仕組みを打ち破りたかったのではないか？

この社会を牛耳る奴等が作った、その存在さえも気づかせないように巧妙に社会に組み込んだシステム。それをぶち破りたかったのではないか。

そのシステムとはつまり、死ぬまで税金と労働という形で彼らに奉仕するだけのロボットのような人生を、自らが喜んで送るようにするシステムだ。

あの違和感は、他人も社会も信用しないぼくの特性が、それに気づくように、ぼくに絶叫していたのである。

これはこれまでぼくの人生をずっと苦しめてきたあの習性が、初めてプラスになっていたことに気がついた瞬間だった。そして今思うに、そのたった一つのプラスで、今まで全部のマイナス分を補って余りあるものかもしれない。


店を後にしたぼくは電車に乗って家路についた。

最寄りの駅を降りると、その日は季節の割に妙に暖かく、ちょうど夜風も心地よかったので散歩がてら少し遠回りして家に帰ることにした。

不思議なもので、ぼくはなぜ自分がＦＩＲＥしたかったのか、それに気づいた時は既に達成していたのである。このことに気づいてからぼくはこれまでの人生すべてを肯定できるようになった。なぜならぼくの中でどれが欠けていても、今の状態にはなり得なかったからである。

――ざまぁみろ、俺はお前らが作った籠から飛び出してやったぜ！――

ぼくは勝利感でいっぱいになった。幸せというものは結局、自分の中にしかない。これはお金の量には一切関係ない。人と比較しているうちは、人は絶対に幸せにはなれない。自分の中で納得のできる一つのことを見つけ、それを達成すればそれでよい。ぼくは、やっと自信を持って自分が幸せだと思えるようになった。

さらにおまけとして、気がつけばぼくは一番やりたかったＦＩＲＥを達成するまでに、他のものはすべて手に入れていた。ギブから先にできるように努力して以降、急に女性との縁が増えた。そして結婚し家族もでき、気がついたらお金もできて、好きなところに住めて思いついた時にやりたいことをすぐできる。

❖生活レベルだけで言えば一般層も3億円の資産持ちも同じ

ところでこの機会に、3億円の資産に対するぼくの心境を書いてみようと思う。

まず3億円は確かに大金だが、本物の富裕層から見たら、はっきり言ってはした金だ。世界で本当に富裕層らしいサービスを受けたかったら100億円は必要かもしれない。例えば海外でレストラン専用マリーナに所有するボートで直接横付けしたかったら、ボートの購入代金の数十倍の資産がなければ余裕を持って所有などできないだろう。すると、自然と100億円単位の資産は必要になるのだ。日本にはそういった施設はほとんどないので仮にお金があっても富裕層らしい生活はしにくい国だそうだが、世界でそういうサービスを受けたかったらその程度の資産が必要なのだ。そんな生活を当然のようにしている世界の本物の富裕層からしたら、3億円なんて小金なわけだ。

しかし、それでも持てばやはり少し見える景色が違ってくる額ではある。大物ユーチューバーが持つ腕時計や車だって、買おうと思ったら買える（ただ、買えると思うと、資産の持ち運び以外の目的では別に欲しくなくなるのだが）。さすがに大物実業家のようにプライベートジェットは買えないけれど、1日借りてSNSで「映え」するくらいなら資産的にはかすり傷程度の出費で可能だ。

さらにどこかの富裕層の人が利用した後の回送便ならファーストクラスに毛が生えた程度の費用でも可能だし、ウェディング用のフォトプランなどでは200万円台から利用できるプランもある。所有しなかったら贅沢なんて結構安いものなのである。

それと、読者の夢をぶち壊してしまうかもしれないが、3億円程度の資産では生活は一般層と全く変わらない。ぼくは未だにマクドナルドでクーポンを使ってハンバーガーを買うし、スーパーの半額弁当も買う。クルマは1.3ℓのコンパクトカー1台だし、携帯は月1000円台の格安SIM。レストランだって格安イタリアンや、ちょっと高めのファミリーレストランで大満足している。

ただ、それを働かないでやれることだけは違う点だが、生活レベルだけで言えば一般層も3億円の資産持ちも同じと言えるだろう。

しかし繰り返しになるがこのお金があれば、ぼくは今の生活を労働せずに維持できる。こちらのほうがぼくにとっては富裕層らしい贅沢をするより何倍も価値がある。もう二度とお金のために不得意な仕事はしたくない。しかし、あれだけつらい思いをしたからこそ、ここまで強くそう思えるとも言える。

本来、3億円なんて投資で溶かすのは簡単なのである。それこそボンボンが100億円溶かした話なんて世界中に溢れているだろう。そういった投資の無謀なポジションを自制し、これからこの資産を守っていく上で、お金のために不得意な仕事を無理矢理したくない、という強い思いは良いブレーキになっている。ぼくにとってはあの経験さえもプラスになっているのである。

以上が、これまでのぼくの半生である。

❖今度こそ、本当の仕事をしよう

最後になるが、ぼくは今のところ子どもとの約束を故意に破ったことはない。急用や疲労などでどうしても守れない時はちゃんと子どもに説明している（理解してもらっているかどうかはわからないが）。

ぼくだけ嫌な思いをして、子どもだけいい思いしてずるい、と大人げなく思わなくもないが、誰かが我慢しないと負の連鎖は終わらない。もうこんなことは終わりにしよう。

それに少しだけ時空を俯瞰してみれば、ぼくの母も今のぼくと同じように、何かについて連鎖を断ち切っていたのかも知れない。それは空腹かもしれないし、安全かもしれない。人間、生まれてからずっと与えられているモノはあって当然だと考えがちだが、それは誰かが我慢を積み上げてきたモノ、場合によっては命を捨ててまで守ってきたモノだということに気づかねばならないだろう。

あと、ぼくの野望の踏み台になってしまった会社には申し訳なかったと思っている。どう思い返しても会社には何の非もない。普通に仕事に打ち込みたいだけの人にとっては定年まで安心してその環境を用意してくれる最高の会社だったのではないか。

ぼくの場合は見せしめ的に関連会社に追い出されたりしたものの、普通ならクビにするところを踏みとどまってくれた会社は間違いなくホワイト企業と言えるだろう。

自分の全能力をもって仕事に打ち込むことはできなかったが、長い会社生活の中では痴漢や暴行で逮捕された社員や、故意に重大な営業妨害行為を犯した社員もいた。そういった会社の名誉を傷つけることはなく、それなりに地道に働いたつもりなのでどうか御寛恕《ごかんじょ》いただきたい。

また、本書で登場した上司やその他の人物についてのエピソードも、たいぶ誇張されている点があることは再度お断りしておきたい。彼らは単にキャラクターが強烈でインパクト抜群だったためご登場いただいただけで、実は彼らから学んだことで本書の執筆に役立ったことも多数ある。本書がより広く受け入れられれば、彼らがぼくに教えてくれたことが正しかったことの証明となるかもしれない。

そして、退職はおろか遠方への移住にも何も言わず付いてきてくれた妻に感謝したい。もしいわゆる「嫁ブロック」をされていたら、ぼくはもっと苦労したことだろう。

さて、ぼくはこれからどうするか。

思えば一番やりたいことをやるために、得意でもない仕事を20年間もやってしまった。もう無理してこんなことをする必要はない。

やっと、やりたい仕事ができる。今度こそ、本当の仕事をしよう。

2023年　春

ぼくは幼い息子と公園にいた。この公園はとある小さな地方空港の滑走路先にあり、見渡すかぎりの広大な緑地が広がっている。視界を遮るものが一切ないこの解放感のある公園は、ぼくの好きな場所だ。

そして1時間に一度くらい飛来する着陸機は決して大きな飛行機ではないが、公園内を走っている土手に上って見れば、なかなかの迫力だった。ぼくと息子は少し遊具で遊んだ後、土手に上って着陸機が来るのを待っていた。

その日は快晴で風も暖かく過ごしやすい爽やかな日だった。ぼくがそんなのどかな空気に包まれてぼんやりとしていると、息子は言った。

「パパはなんのお仕事してるの？」

ちょっと言葉に詰まった。ぼくはＦＩＲＥ後、まだ仕事をしていない。しかし、それをそのまま言うのもどうかな、と思い、ぼくはこう答えた。

「うーん、パパは今、次の仕事の準備をするために、けじめとしてブログにこれまであったことをまとめているんだ」

「つぎはなんのお仕事するの？」

こんなことを聞かれたとき、一機の着陸機が近づいてきた。飛行機が頭上を通り過ぎて轟音がやむまでの少しの間、会話は中断した。

ぼくは子どものころから飛行機を見に行くのが大好きだった。できればパイロットになりたかったが視力が足りなくて受験することもできなかった。そのせいか、この時とっさに言葉が出た。

「そうだな、飛行機に関係ある仕事をしようかな」

しかし、息子は自分で聞いておきながら、ぼくの話など全く聞いていない様子だった。息子の頭の中は飛行機の轟音でリセットされ、もう次のことを考えているのだろう。いいじゃないか、子どもとは常に前向きでキラキラしているものだ。

「パパ、アイスたべようよ」

彼は目を輝かせて言った。

「あれ？　アイスは昨日食べたよ。毎日食べたら虫歯になっちゃうよ」

「アイス！　アイス！　だってパパ後でアイスたべさせてあげるってさっき言ったよ！」

「あれ？　そんな約束したかなあ？」

「パパそう言ったよ」

ぼくは少し考えた。

「そうかあ、それなら言ったんだろうね。じゃあしょうがないね、約束は守らなきゃね」

ぼくと息子は土手を降り、公園の片隅にいたソフトクリームのキッチンカーに向かって、歩いて行った。

おわり

おわりに

私が本書で伝えたかったことは二つある。一つはすべての人が蛸壺型の組織で無理して働くのではなく1秒でも早く尊敬できる人の下で自分の得意な仕事をしてほしい、ということである。二つ目はそのための財産形成は資本主義の恩恵を得るためのバスに乗る、つまりインデックス投資に任せるのをお勧めしたい、ということだ。

昨今、多くの人がそういう理想を実現するにはお金が必要だから、ということでFIREムーブメントなるものが持て囃されているのかもしれない。しかし本書でも述べたとおり3億円持っていても生活は一切変わらないのだから本来そんな理想を実現するには、たいしてお金は要らないのだ。

ならばなぜ、お金が貯まるまで我慢する必要があるのか、今すぐにやってしまってもいいのではないか、というのが私の考えである。

そのようなことが当たり前にできる社会になれば、個人はもとより、会社にとっても、国にとっても幸せなはずだ。なぜなら会社も国も、全体が生き生きと働く人で支えられるからだ。

もちろん、そういう社会にはまた新しい厳しさがあるだろうし、その過渡期にはこれまで非効率な経営を漫然と続けてきた数多くの企業が消えていくだろうから、個人単位では以前の終身雇用制度のほうが良かったという人も出るだろう。

しかしながら社会全体としては雇用流動性のある社会のほうが全体の幸福度の総量としても、経済にとっても良いと私は思う。そしてもし新しい社会からこぼれ落ちてしまった人があれば、それは拡大した経済により増加した税金で救えばよいのではないか。

昨今、日本の進める様々な政策や税制はそういった働き方を推進する方向だから、これからそういう人生を選択する人には政策の追い風が吹いてくると私は考えている。少なくとも今後20〜30年程度はこの流れは続く可能性が高いため、読者の方もこの流れをうまく利用して有意義な人生を送ってほしい。

えっ？　じゃあその流れが終わった30年後以降はどうするのかって？

では最後にクイズを出そう。その答えは本書の中に書いておいた。それは何処だかわかるだろうか？

どこに書いてあったか思いつかない人は、そこだけを頭に入れてもう一度最初から読み直してほしい。問題意識をもって読めば、これが答えだという記述が必ず見つかるはずだ。

そして、それがあなた個人を幸せにするチャンスを認識し、掴む練習にもつながるはずだ。そうして、すべての読者の人生が豊かになることを願っている。

北原　銀二

［著者紹介］

北原銀二（きたはら・ぎんじ）

サラリーマン家庭に生まれ、自身も就職氷河期時代にサラリーマンとして働き始める傍ら、2002年より株式投資を本格的に開始。

2022年に資産3億円を達成してFIRE。現在は米株インデックス投資をメインに不動産投資も。ブログやX（旧Twitter）も人気。

ファイナンシャルプランナー。

【ブログ】http://investment-life-blog.blogspot.com/

【X（旧Twitter）】@tweichan0204

Sairyusha

投資《とうし》で「3億円《おくえん》FIRE」したぼくがすすめるたった2つのこと

二〇二三年十二月二十五日　初版第一刷

著者　北原銀二

発行者　河野和憲

発行所　株式会社　彩流社
〒101-0051
東京都千代田区神田神保町3-10大行ビル6階
TEL:03-3234-5931
FAX:03-3234-5932
E-mail:sairyusha@sairyusha.co.jp

印刷　明和印刷(株)

製本　(株)村上製本所

装丁・組版　中山デザイン事務所

本書は日本出版著作権協会(JPCA)が委託管理する著作物です。
複写(コピー)・複製、その他著作物の利用については、
事前にJPCA(電話03-3812-9424 e-mail: info@jpca.jp.net)の許諾を得て下さい。
なお、無断でのコピー・スキャン・デジタル化等の複製は
著作権法上での例外を除き、著作権法違反となります。

©Ginji Kitahara, Printed in Japan, 2023

ISBN978-4-7791-2943-8 C0033

https://www.sairyusha.co.jp